CADERNO DE ATIVIDADES 6

Organizadora: Editora Moderna
Obra coletiva concebida, desenvolvida e produzida pela Editora Moderna.

Editoras Executivas:
Maíra Rosa Carnevalle
Rita Helena Bröckelmann

5ª edição

© Editora Moderna, 2018

MODERNA

Elaboração dos originais:

Tatiani Ayako Goto Donato
Licenciada em Ciências Biológicas pela Faculdade de Ciências da Universidade Estadual Paulista "Júlio de Mesquita Filho". Mestre e doutora em Ciências (Biologia Celular e Tecidual) pelo Instituto de Ciências Biomédicas da Universidade de São Paulo. Professora.

Coordenação editorial: Maíra Rosa Carnevalle, Rita Helena Bröckelmann
Edição de texto: Dino Santesso Gabrielli, Renata Amelia Bueno Migliacci, Tatiani Donato
Gerência de *design* e produção gráfica: Sandra Botelho de Carvalho Homma
Coordenação de produção: Everson de Paula, Patricia Costa
Suporte administrativo editorial: Maria de Lourdes Rodrigues
Coordenação de *design* e projetos visuais: Marta Cerqueira Leite
Projeto gráfico e capa: Daniel Messias, Otávio dos Santos
Pesquisa iconográfica para capa: Daniel Messias, Otávio dos Santos, Bruno Tonel
  Fotos: Matej Kastelic/Shutterstock
Coordenação de arte: Carolina de Oliveira Fagundes
Edição de arte: Paula Belluomini
Editoração eletrônica: Essencial Design
Coordenação de revisão: Maristela S. Carrasco
Revisão: Renata Brabo, Thiago Dias, Vânia Bruno, Viviane Oshima
Coordenação de pesquisa iconográfica: Luciano Baneza Gabarron
Pesquisa iconográfica: Flávia Morais
Coordenação de *bureau*: Rubens M. Rodrigues
Tratamento de imagens: Fernando Bertolo, Joel Aparecido, Luiz Carlos Costa, Marina M. Buzzinaro
Pré-impressão: Alexandre Petreca, Everton L. de Oliveira, Marcio H. Kamoto, Vitória Sousa
Coordenação de produção industrial: Wendell Monteiro
Impressão e acabamento: Forma Certa
  Lote: 768575
  Cod: 24112370

Imagem de capa
Automóvel elétrico em estação de carregamento. O investimento em pesquisas sobre fontes renováveis de energia é pauta relevante nos dias atuais.

Dados Internacionais de Catalogação na Publicação (CIP)
(Câmara Brasileira do Livro, SP, Brasil)

Araribá plus : ciências naturais : caderno de atividades / obra coletiva concebida, desenvolvida e produzida pela Editora Moderna ; editoras executivas Maíra Rosa Carnevalle, Rita Helena Bröckelmann. -- 5. ed. -- São Paulo : Moderna, 2018.

Obra em 4 v. para alunos do 6º ao 9º ano.

1. Ciências (Ensino fundamental) I. Carnevalle, Maíra Rosa. II. Bröckelmann, Rita Helena.

18-15784   CDD-372.35

Índices para catálogo sistemático:
1. Ciências : Ensino fundamental 372.35
Cibele Maria Dias - Bibliotecária - CRB-8/9427

ISBN 978-85-16-11237-0 (LA)
ISBN 978-85-16-11238-7 (LP)

Reprodução proibida. Art. 184 do Código Penal e Lei 9.610 de 19 de fevereiro de 1998.
Todos os direitos reservados
EDITORA MODERNA LTDA.
Rua Padre Adelino, 758 – Belenzinho
São Paulo – SP – Brasil – CEP 03303-904
Vendas e Atendimento: Tel. (0_ _11) 2602-5510
Fax (0_ _11) 2790-1501
www.moderna.com.br
2023
Impresso no Brasil

1 3 5 7 9 10 8 6 4 2

SUMÁRIO

UNIDADE 1 Um ambiente dinâmico 4

UNIDADE 2 O planeta Terra 12

UNIDADE 3 Água 20

UNIDADE 4 A crosta terrestre 28

UNIDADE 5 De olho no céu 37

UNIDADE 6 Os materiais 46

UNIDADE 7 Vida, célula e sistema nervoso humano 54

UNIDADE 8 Os sentidos e os movimentos 63

UNIDADE 1 UM AMBIENTE DINÂMICO

RECAPITULANDO

- A **biosfera** é um componente da Terra formado por todos os ambientes habitados pelos seres vivos.
- A **litosfera**, a **hidrosfera** e a **atmosfera** são regiões que compõem a Terra.
- A presença de **água líquida**, de alguns **gases** na atmosfera e da **temperatura** apropriada permitem que haja vida na Terra.
- Os **ecossistemas** são formados por componentes **vivos** e **não vivos**.
- Em um ecossistema, os componentes vivos **interagem** entre si e com os componentes não vivos.
- Os **alimentos** são fontes de energia e nutrientes para todos os seres vivos.
- Uma **cadeia alimentar** é formada por seres produtores, consumidores (herbívoros e carnívoros) e decompositores.
- No ecossistema, as cadeias alimentares se interligam, formando as **teias alimentares**.

1. Defina as camadas que compõem a Terra, completando as lacunas do fluxograma a seguir.

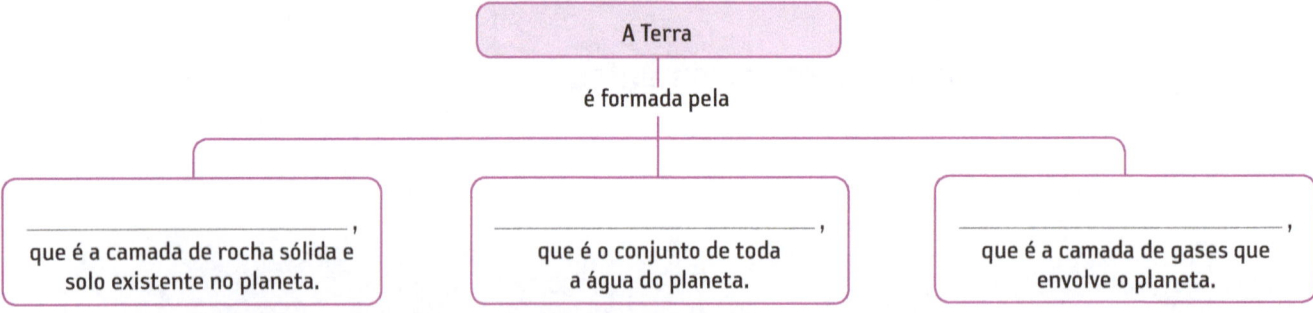

2. Observe abaixo a representação de parte da biosfera. Em seguida, identifique suas regiões com base nas definições apresentadas na atividade anterior.

(Imagem sem escala; cores-fantasia)

3. A imagem a seguir mostra um trecho da biosfera. Observe-a e preencha o quadro com o nome de três seres vivos presentes e os tipos de ambiente (aquático ou terrestre) em que eles vivem.

(Imagem sem escala; cores-fantasia)

Seres vivos	Ambientes

4. Marque (**1**) para as informações referentes à Terra e (**2**) para as informações referentes a outros planetas do Sistema Solar.

( ) Tem atmosfera rica em gases como o oxigênio, que é essencial para vários seres vivos.

( ) O gás carbônico ajuda a manter o planeta aquecido, com temperatura média de aproximadamente 15 °C.

( ) A temperatura varia bastante, sendo muito alta durante o dia e muito baixa à noite, inviabilizando a vida.

( ) Possui uma quantidade abundante de água na forma líquida.

5. Complete o fluxograma abaixo com os componentes do ecossistema.

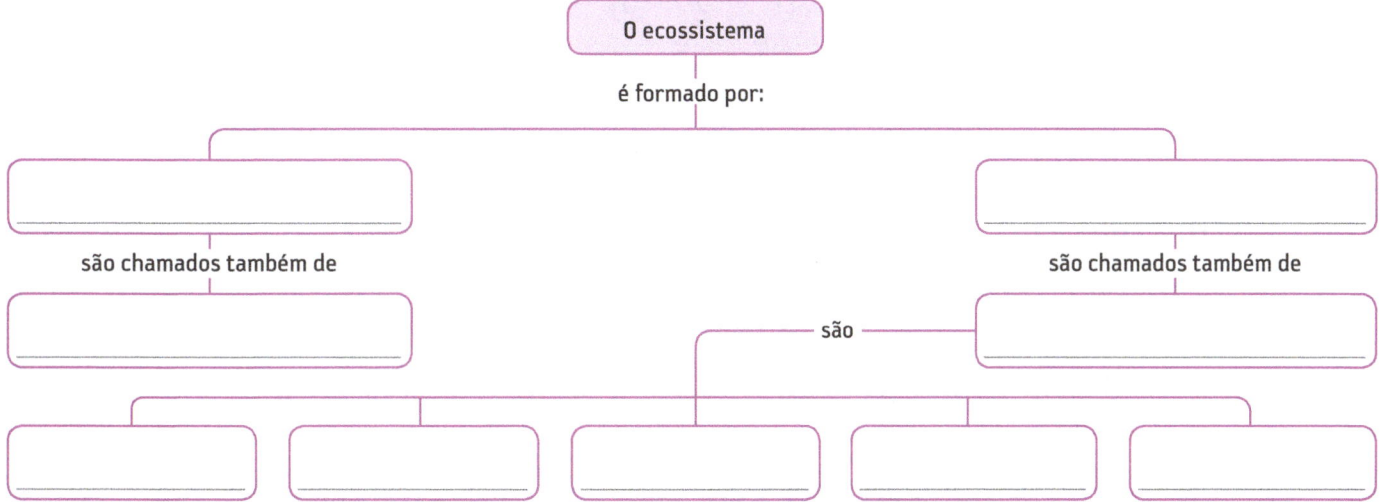

6. Observe a imagem e circule cinco seres vivos que compõem esse ecossistema.

(Imagem sem escala; cores-fantasia)

7. Encontre no diagrama abaixo o nome de cinco componentes não vivos presentes na imagem da atividade anterior.

A	R	C	D	E	T	V	V	Y	S	S	H	G
Z	A	S	G	H	J	K	L	C	Ç	O	J	O
T	E	M	P	E	R	A	T	U	R	A	W	A
D	W	U	Y	I	C	D	Z	D	G	D	D	Q
Q	Á	C	R	H	J	K	Á	Á	J	Á	V	J
S	G	Y	C	A	L	O	R	D	S	D	Z	H
X	U	W	V	G	D	E	Á	Á	O	Á	L	F
E	A	Q	F	U	W	Q	V	C	L	C	N	S
T	E	F	R	O	C	H	A	K	O	K	T	O
L	U	Z	W	V	G	D	E	G	Á	W	U	R

6

8. Ligue os elementos da coluna da esquerda às definições da coluna da direita.

- Produtores
- Consumidores
- Decompositores

- Organismos capazes de produzir substâncias que servirão de alimento.
- Fungos e bactérias.
- Plantas, algas e alguns microrganismos.
- Organismos que se alimentam de resíduos deixados por outros seres vivos ou de organismos mortos
- Animais.
- Organismos que se alimentam de outros organismos ou de partes destes.

9. Leia a seguinte afirmação:

A manutenção de um ecossistema depende de produtores, consumidores e decompositores.

- Você concorda com essa afirmação? Justifique.

_____
_____
_____

10. Observe a cadeia alimentar a seguir e depois faça o que se pede.

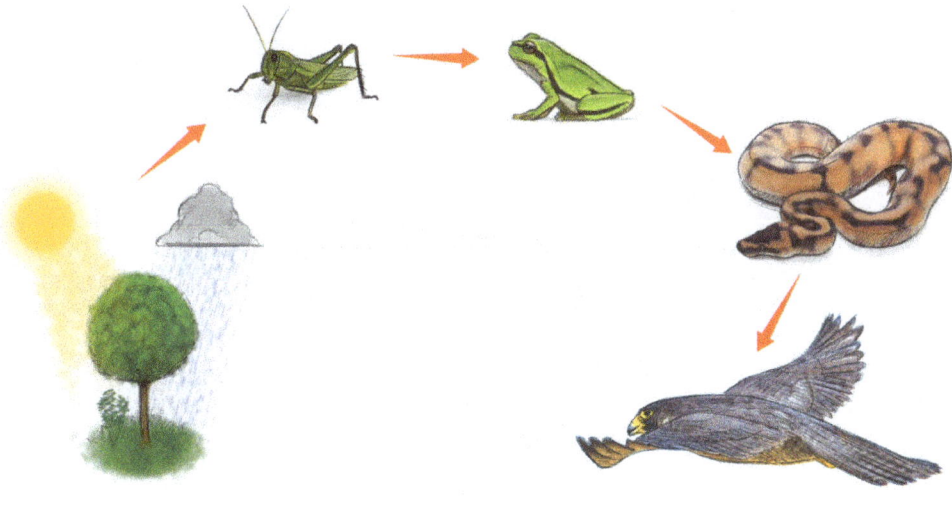

(Imagem sem escala; cores-fantasia)

- Circule o(s) organismo(s) produtor(es).
- Faça um triângulo no(s) organismo(s) decompositor(es).
- Marque um **X** no(s) organismo(s) carnívoro(s).
- Faça um retângulo no(s) organismo(s) herbívoro(s).
- Desenhe as setas que estão faltando nessa cadeia alimentar.

11. Relacione cada tipo de organismo do quadro ao nível trófico que ocupa, de acordo com a forma de obtenção de alimento. Marque um **X** na coluna correta.

Nível trófico	Consumidor primário ou herbívoro	Produtor	Consumidor carnívoro
Primeiro			
Segundo			
Terceiro			
Quarto			
Quinto			

12. A imagem a seguir apresenta uma cadeia alimentar. Preencha o quadro com o nível trófico de cada organismo presente nela.

(Imagem sem escala; cores-fantasia)

Organismo	Nível trófico que ocupa na cadeia
Serpente	
Rato	
Louva-a-deus	
Gavião	
Grama	

13. Complete as frases a seguir com as palavras corretas e depois preencha a cruzadinha.

a) As plantas, as algas e algumas bactérias são organismos (1) _____, pois realizam fotossíntese.

b) Os seres (2) _____ são aqueles que se alimentam de outros organismos, podendo ser herbívoros ou (3) _____.

c) Os (4) _____ são consumidores que se alimentam de organismos mortos ou resíduos deixados por seres vivos.

d) São organismos decompositores os (5) _____ e as (6) _____, presentes em todos ecossistemas.

14. Observe a imagem abaixo e classifique a representação como cadeia alimentar ou teia alimentar. Em seguida, responda:

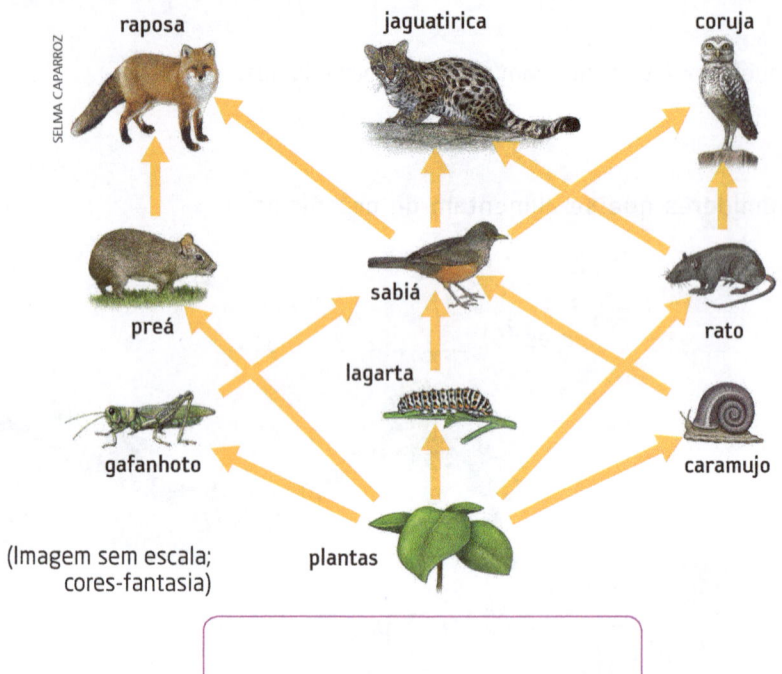

(Imagem sem escala; cores-fantasia)

- Quais dos organismos são consumidores primários?

- Quais dos organismos são consumidores terciários?

15. Observe a tirinha abaixo e responda:

a) O que o jacaré quer dizer com "estar em posição de destaque na cadeia alimentar"?

b) Explique a fala do último peixe: "Sei lá, deve ser delegado!".

16. Observe as imagens a seguir e identifique a que bioma pertencem.

_____ _____

_____ _____

17. Leia o texto a seguir:

Constitui um bioma terrestre que está localizado em uma região que possui verões curtos, moderados e úmidos, em contraste com os invernos longos, rigorosos e secos. Este bioma é constituído principalmente por coníferas, árvores como os pinheiros, que suportam o frio intenso e a neve.

O bioma a que o texto faz referência é:

_____

_____

UNIDADE 2 O PLANETA TERRA

RECAPITULANDO

- O **planeta Terra** ocupa uma posição privilegiada no **Sistema Solar**, o que, junto com outros fatores, permitiu o desenvolvimento da vida como a conhecemos.

- A Terra está em constantes **transformações**. Algumas dessas mudanças são **rápidas** e perceptíveis, causadas por fenômenos como *tsunamis*, **terremotos** ou **erupções vulcânicas**. Outras são **lentas** e acontecem ao longo de milhares ou milhões de anos, como a **formação do solo** e **das montanhas**.

- A **superfície e o interior da Terra** estão divididos em três camadas: crosta, manto e núcleo.

- A **crosta** é a camada sólida da Terra mais externa e mais fina, formada por rochas. Ela está localizada logo acima do **manto**, camada intermediária que possui rochas sólidas e apresenta temperaturas elevadas. O **núcleo** é a camada mais interna, formada principalmente por ferro e níquel.

- A **atmosfera terrestre** é dividida em **troposfera**, **estratosfera**, **mesosfera**, **termosfera** e **exosfera**.

- A **Terra primitiva** era coberta por vulcões ativos e, depois de milhões de anos, teve sua superfície solidificada, formando a crosta terrestre. Assim foi formada a **atmosfera primitiva**, que fez com que a temperatura do planeta diminuísse e a água permanecesse em estado líquido, acumulando-se em determinadas regiões e formando os oceanos.

- O **formato** do planeta Terra é aproximadamente esférico. Por isso, algumas constelações são visíveis em um hemisfério e não são visíveis no outro.

1. Classifique os exemplos de modificação na superfície da Terra em **modificação rápida** ou **modificação lenta**, ligando as colunas.

- Formação da cordilheira dos Andes.

- Erupções do vulcão Pucaya, na Guatemala.

- Terremoto no Haiti.

- Origem do Himalaia.

Modificação rápida

Modificação lenta

2. Encontre no caça-palavras a seguir seis fenômenos naturais relacionados à modificação na superfície da Terra.

J	V	E	N	T	O	T	V	V	T	S	M
H	Z	A	S	G	H	J	K	C	S	Ç	B
E	F	U	R	A	C	Ã	O	P	U	V	P
F	S	W	U	Y	I	C	D	A	N	U	E
W	U	Á	C	R	H	J	K	O	A	L	R
Q	M	T	Y	C	A	L	O	R	M	C	F
V	X	U	W	V	G	D	E	Á	I	Ã	G
U	E	A	Q	F	U	W	Q	V	C	O	Z
L	T	E	R	R	E	M	O	T	O	O	T

3. Leia o trecho a seguir e faça o que se pede.

O que fazer em caso de terremoto?

- Se estiver dentro de algum lugar, não saia. Tente se proteger: vá para debaixo de uma mesa ou outro móvel; e segure-se bem até que o tremor pare.
- Se estiver ao ar livre, afaste-se de árvores, prédios, muros e redes de energia elétrica.
- Fique longe de vidros, janelas e qualquer coisa que possa cair.
- Se estiver em um prédio, não use os elevadores.

Fonte: Texto elaborado com base em informações da Agência Federal de Gerenciamento de Emergências (Fema) dos Estados Unidos. (Informações obtidas em julho de 2010.) Disponível em: <https://www.ready.gov/earthquakes>. Acesso em: 18 jun. 2018.

- Sobre o que esse texto trata?
  _____
  _____

- Imagine e descreva uma situação em que você poderia aplicar as sugestões do trecho acima de maneira a se proteger e a ajudar ao próximo.
  _____
  _____
  _____
  _____

4. A imagem a seguir representa a formação de um *tsunami* provocado por um terremoto na crosta oceânica. Associe a numeração do esquema com os eventos do quadro.

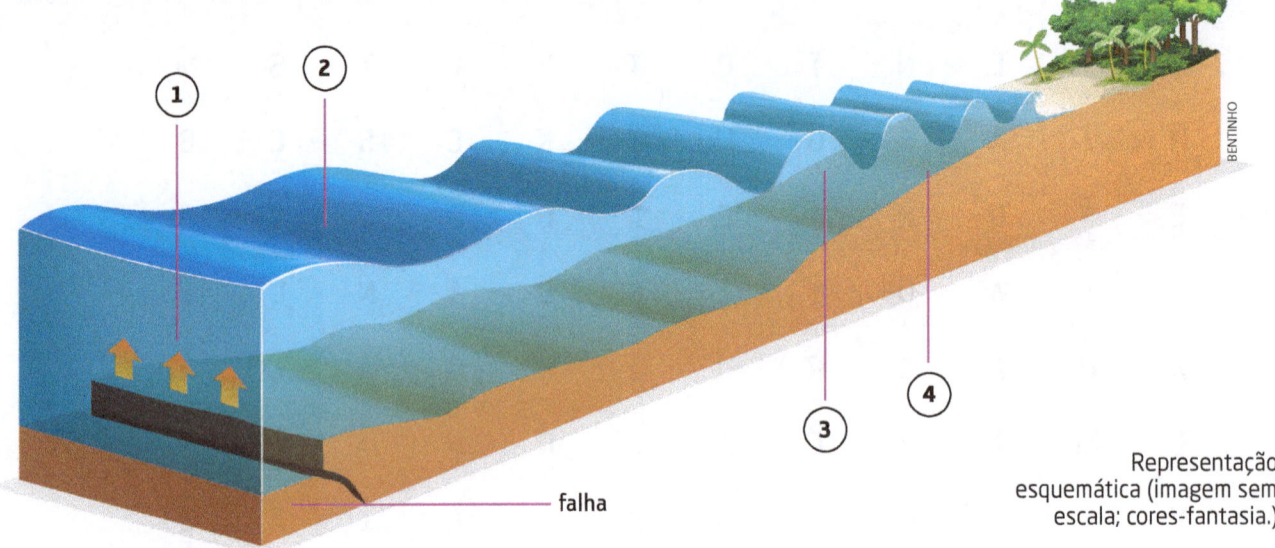

Representação esquemática (imagem sem escala; cores-fantasia.)

Número	Evento
	Ondas avançam pela costa, causando destruição nas cidades litorâneas.
	Ondas se movem nas profundezas do oceano em grande velocidade.
	Um terremoto subterrâneo empurra a água do oceano para cima.
	Quando se aproximam do litoral, as ondas perdem velocidade, mas ficam mais altas.

5. Observe a imagem abaixo e faça o que se pede.

a) Identifique as camadas que compõem o planeta e pinte a crosta de vermelho, o manto de azul e o núcleo de amarelo.

b) Complete as fichas com os nomes e as principais características de cada camada.

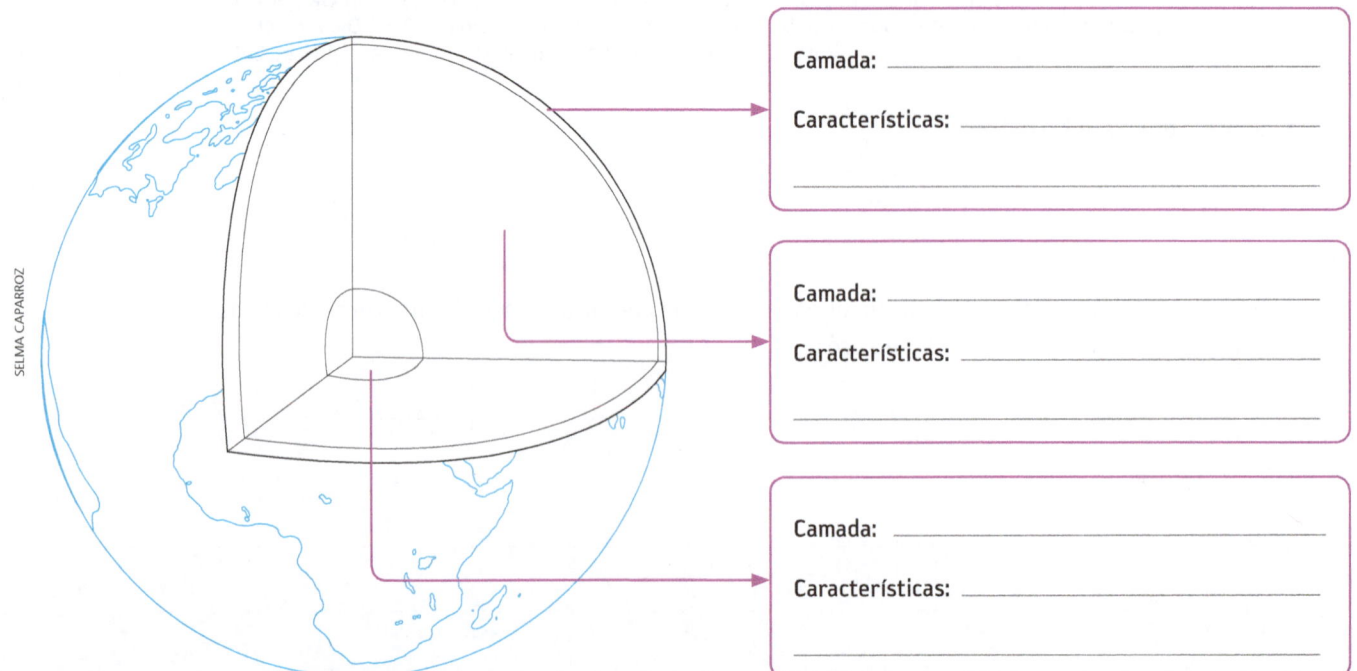

Camada: _____

Características: _____

Camada: _____

Características: _____

Camada: _____

Características: _____

6. Complete o fluxograma a seguir com informações sobre a atmosfera terrestre.

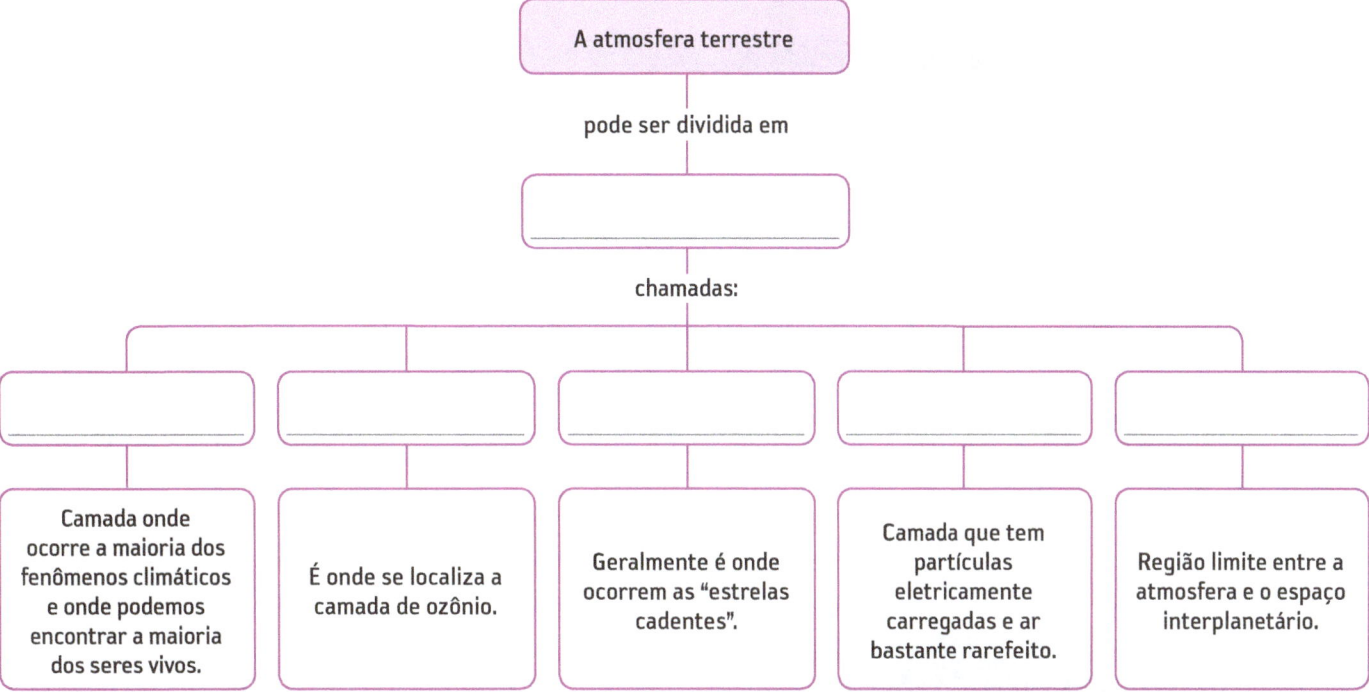

A atmosfera terrestre

pode ser dividida em

____

chamadas:

______________	______________	______________	______________	______________
Camada onde ocorre a maioria dos fenômenos climáticos e onde podemos encontrar a maioria dos seres vivos.	É onde se localiza a camada de ozônio.	Geralmente é onde ocorrem as "estrelas cadentes".	Camada que tem partículas eletricamente carregadas e ar bastante rarefeito.	Região limite entre a atmosfera e o espaço interplanetário.

7. Observe a representação das camadas da atmosfera. Identifique-as com base nas definições apresentadas na atividade anterior.

INNA BIGUN/SHUTTERSTOCK

____

____

____

____

____

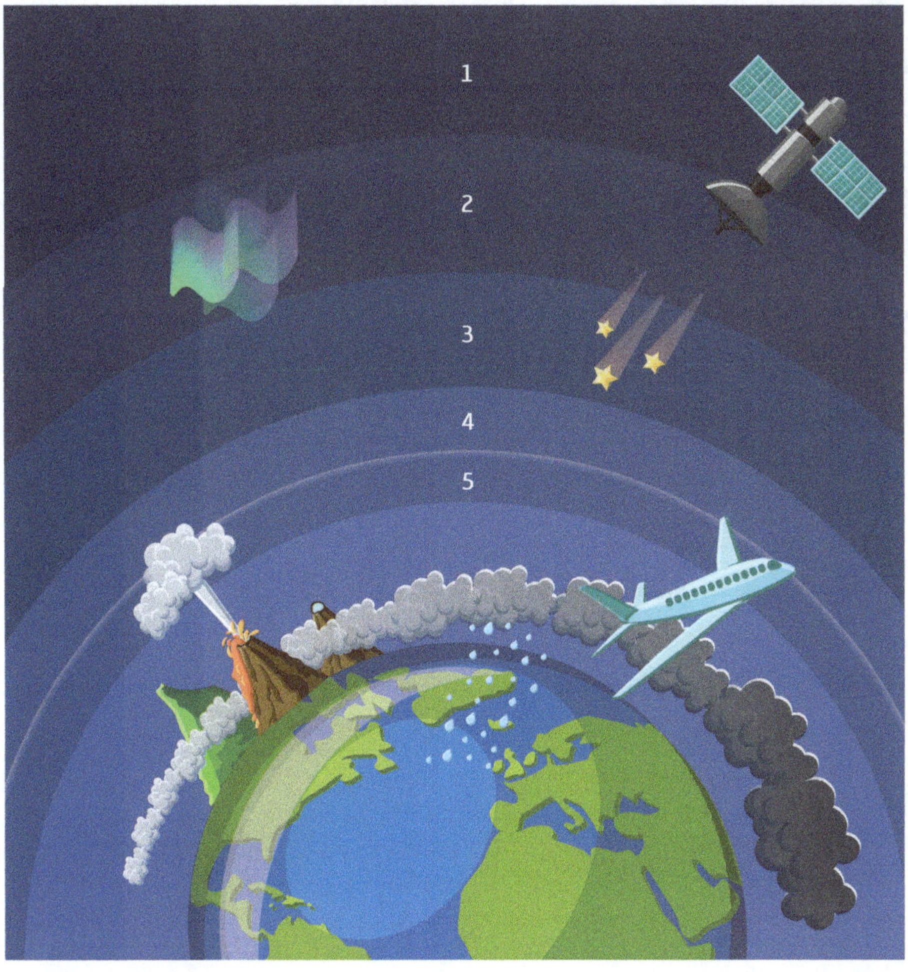

Representação esquemática
(Imagem sem escala; cores-fantasia.)

8. Observe as imagens abaixo e identifique em quais camadas da atmosfera essas situações podem ser encontradas.

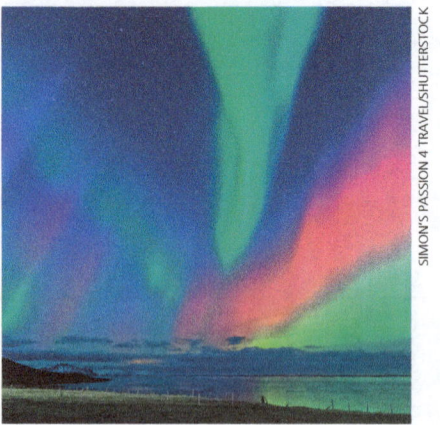

SIMON'S PASSION 4 TRAVEL/SHUTTERSTOCK

Aurora boreal.

____

BBA PHOTOGRAPHY/SHUTTERSTOCK

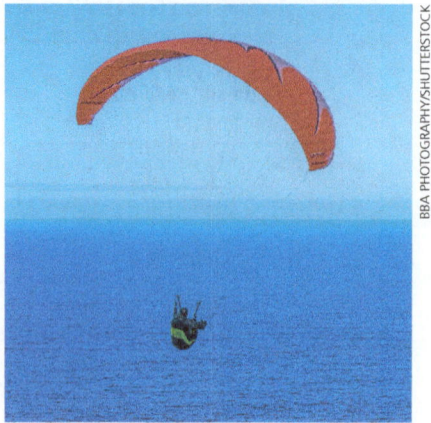

Pessoa voando de parapente.

____

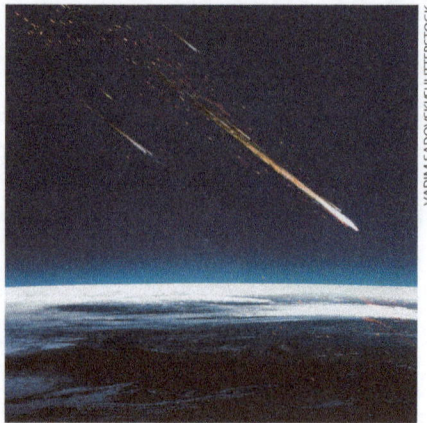

VADIM SADOVSKI/SHUTTERSTOCK

Chuva de meteoros.

____

MARCELCLEMENS/SHUTTERSTOCK

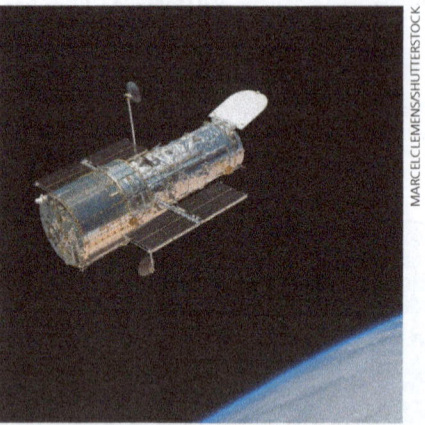

Telescópio Hubble.

____

ROB BYRON/SHUTTERSTOCK

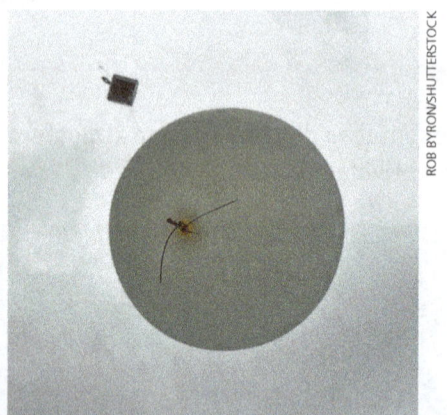

Balão meteorológico.

____

9. Preencha o fluxograma a seguir com as características do ar.

O ar

se encontra na

_______________,

que se compõe, principalmente, de

_______________ | _______________ | _______________ | _______________ | _______________

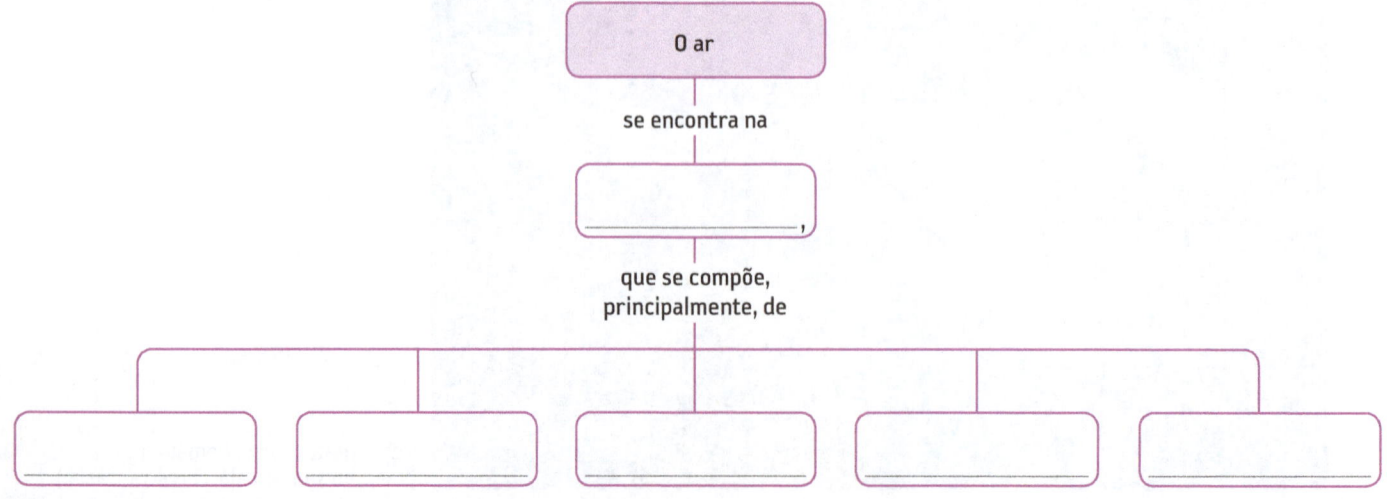

10. Assinale (V) para as afirmações verdadeiras e (F) para as falsas, corrigindo-as na sequência.

a) (   ) A Terra se formou muito antes do Sol e dos demais planetas do Sistema Solar.

b) (   ) A superfície da Terra primitiva era bastante quente e coberta de vulcões ativos.

c) (   ) A crosta terrestre é uma camada muito fina de rocha, que se formou ao longo de milhões de anos com o resfriamento da superfície da Terra primitiva.

d) (   ) O resfriamento gradativo da Terra primitiva impediu que a atmosfera primitiva se formasse, mantendo a temperatura do planeta muito alta e inadequada para a vida.

e) (   ) O desenvolvimento de oceanos foi fundamental para proporcionar condições para o surgimento e a manutenção da vida na Terra.

_____
_____
_____
_____
_____

11. No surgimento da Terra não havia atmosfera. Você concorda com essa afirmação? Justifique sua resposta.

_____
_____
_____
_____
_____

12. Quais são as duas principais hipóteses para o surgimento de água na Terra?

_____
_____
_____
_____
_____

13. Complete as frases preenchendo os espaços com os termos corretos.

a) A _____ é o único planeta conhecido que possui _____ com uma quantidade apreciável de _____, uma temperatura média de cerca de 15 °C e _____ em três estados físicos, o que permite a existência de vida na forma como a conhecemos.

b) A Terra pode ser dividida basicamente em três grandes partes: _____, _____ e _____.

c) Na _____ ocorrem transformações que podem alterar completamente as características de um local. Essas transformações rapidamente perceptíveis são conhecidas como _____ e _____.

14. Observe a imagem do planeta Terra a seguir e depois faça o que se pede.

a) O formato da Terra mostrado nessa imagem está correto? Justifique sua resposta.

_____

_____

b) Que evidências nos mostram que a Terra tem o formato que tem?

_____

_____

_____

_____

c) Como você representaria o planeta Terra visto do espaço? Utilize o espaço abaixo para isso.

15. A imagem a seguir é da constelação Cruzeiro do Sul. Ela está localizada próximo ao Polo Sul Celeste e, por isso, pode ser observada apenas do hemisfério Sul e de regiões do hemisfério Norte próximas à linha do equador. Por que isso acontece?

_____
_____
_____
_____
_____
_____
_____

UNIDADE 3 ÁGUA

RECAPITULANDO

- Sem a água em estado líquido não existiria vida tal como a conhecemos. Ela faz parte da composição de todos os organismos, além de ser necessária para mantê-los vivos.

- No planeta, a água pode ser encontrada em três diferentes estados físicos: **sólido**, **líquido** e **gasoso**. Ela é encontrada em mares e oceanos, rios, lagos e lagoas, geleiras, solo, pequenas gotas suspensas no ar e nos seres vivos, entre outros.

- Na **solidificação**, a água líquida é resfriada e passa para o estado sólido (gelo). Já a mudança de estado sólido para líquido é denominada **fusão**. A passagem de estado líquido para gasoso é a **vaporização**, que pode ser lenta (**evaporação**) ou rápida (**ebulição**).

- Na atmosfera, o vapor d'água é resfriado e pode passar para o estado líquido, formando as nuvens – ocorre a **condensação** ou a **liquefação**. Na **sublimação**, a água pode passar do estado sólido direto para o gasoso, ou do gasoso direto para o sólido, sob determinadas condições. Desse modo, a água circula no ambiente, em um processo que é denominado **ciclo da água**.

- A água é considerada o **solvente universal**, por ser capaz de dissolver grande número de materiais, formando uma **mistura homogênea**. Os materiais que não se dissolvem ou se dissolvem parcialmente, formando duas ou mais fases, compõem as **misturas heterogêneas**.

- Há métodos que permitem separar as misturas. A **decantação** separa uma mistura heterogênea pela diferença de densidade de suas fases. A **filtração**, pela diferença de tamanho das partículas que compõem a mistura. A **evaporação**, pela eliminação da água, permitindo o recolhimento do soluto. A **destilação**, pela diferença na temperatura de ebulição dos componentes da mistura.

- A água que encontramos na natureza é uma mistura homogênea que pode conter determinados materiais ou microrganismos nocivos à saúde e que precisam ser separados e eliminados por meio de tratamento adequado.

- Diferentes atividades humanas são responsáveis por poluir as fontes de água.

- A água não tratada pode transmitir doenças como a amebíase e a leptospirose.

- A água não contaminada acumulada em recipientes serve de criadouro de mosquitos que transmitem a febre amarela e a dengue, por exemplo.

1. Descreva a importância da água em cada uma das situações a seguir.

2. Complete o fluxograma a seguir, com os tipos de água que compõem a hidrosfera.

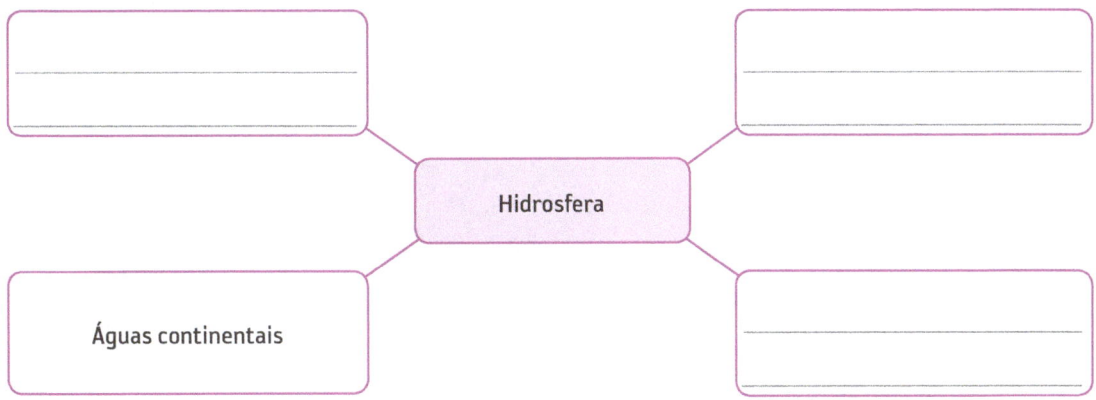

Águas continentais

3. A imagem a seguir mostra um trecho da superfície da Terra próximo ao mar. Observe-a e, depois, faça o que se pede.

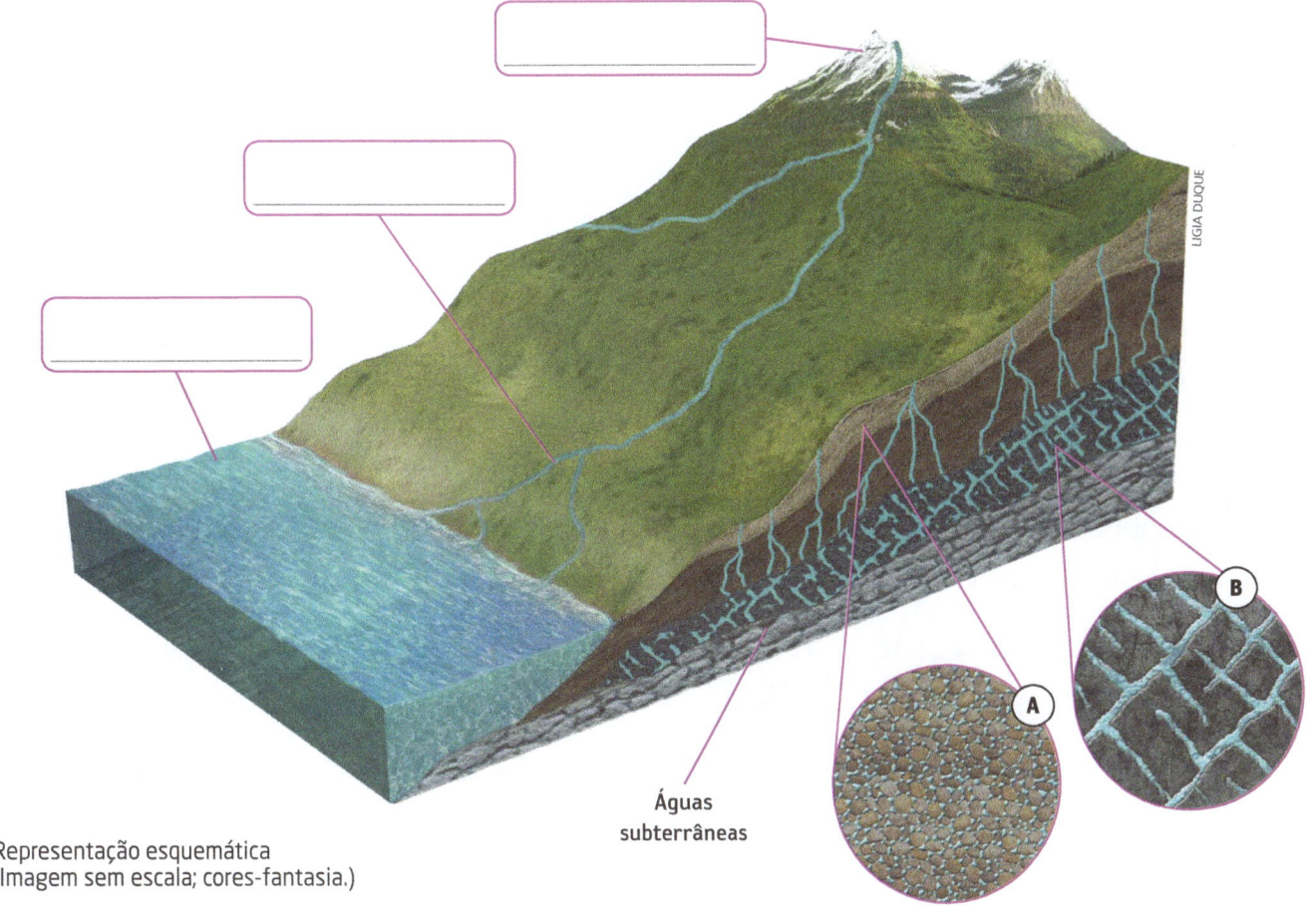

Águas subterrâneas

Representação esquemática
(Imagem sem escala; cores-fantasia.)

- Identifique os estados físicos da água que podem ser vistos na imagem.
- O que representam as ampliações **A** e **B**?

_____
_____
_____

4. Observe as imagens abaixo e identifique a mudança de estado físico em cada situação.

_____   _____

5. Analise o esquema abaixo e identifique os estados físicos da água indicados por I, II e III. Em seguida, identifique os processos envolvidos nas mudanças de um estado a outro, indicados por A, B e C.

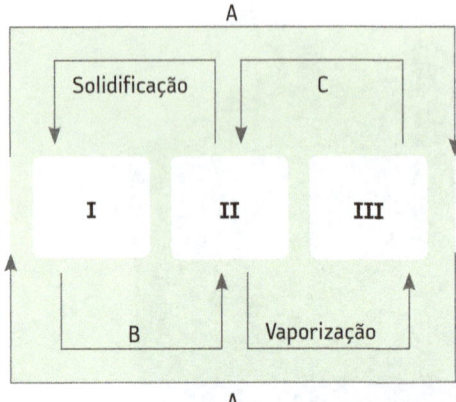

_____
_____
_____
_____
_____
_____
_____

6. O organizador gráfico abaixo representa parte do ciclo hidrológico.

a) Complete as frases nos quadros com as mudanças de estado físico ocorridas em cada um.

b) Relacione os quadros com setas para indicar a sequência das transformações físicas.

Em camadas elevadas da atmosfera, a água _____ e forma nuvens.

Nas nuvens, as gotículas de água se juntam e caem em direção à superfície.

Com o calor, a água do solo, rios e lagos _____ e vai para a atmosfera.

A água escoa pelo solo e é absorvida pelas plantas, ingerida pelos animais e volta a _____ para a atmosfera.

Em lugares muito frios, a água _____, podendo originar geleiras.

Com o aumento da temperatura, a água das geleiras _____ e escoa para rios e lagos.

Parte da água que se infiltra no solo passa a constituir as águas subterrâneas e os aquíferos.

7. Observe a imagem abaixo. Em seguida, responda às perguntas com base nas definições apresentadas na atividade anterior.

Representação esquemática (Imagem sem escalas; cores-fantasia.)

a) O que a imagem representa?

b) Quais estados físicos da água estão representados na imagem? E em que locais eles ocorrem?

c) Identifique as etapas indicadas de 1 a 5 na imagem.

8. Leia a história em quadrinhos abaixo e, depois, responda às questões e complete as frases.

a) Qual é o estado físico da água no primeiro quadrinho?

_____

_____

b) O que aconteceu com o gelo depois de algum tempo exposto ao Sol?

_____

c) Ao evaporar, as gotículas de água se _____, formando as nuvens.

d) O que provavelmente vai acontecer após o último quadrinho, com o sofrimento da nuvem que se apaixonou pelo Cascão?

_____

_____

e) As sequências de eventos presentes na história em quadrinhos fazem referência ao _____

9. Observe a imagem a seguir e responda.

- Qual o método utilizado nas salinas para separar o sal da água do mar?

_____
_____
_____
_____
_____
_____
_____

Salina (Chaval, CE, 2016).

10. Leia as frases e, em seguida, preencha a cruzadinha com as palavras corretas.

Vertical

1. Método que separa uma mistura homogênea através da temperatura de ebulição de cada componente.
2. Processo utilizado para separar o sal da água e que costuma utilizar a luz solar.
3. Solução formada por água e sal em que só se observa uma fase.

Horizontal

4. Método que separa sólidos de líquidos através da diferença de tamanhos das partículas.
5. Mistura com uma ou mais fases.
6. Método que separa sólidos de líquidos através da densidade de materiais.

11. Observe a representação de uma estação de tratamento de água. Identifique cada uma das etapas de tratamento indicadas pelos números.

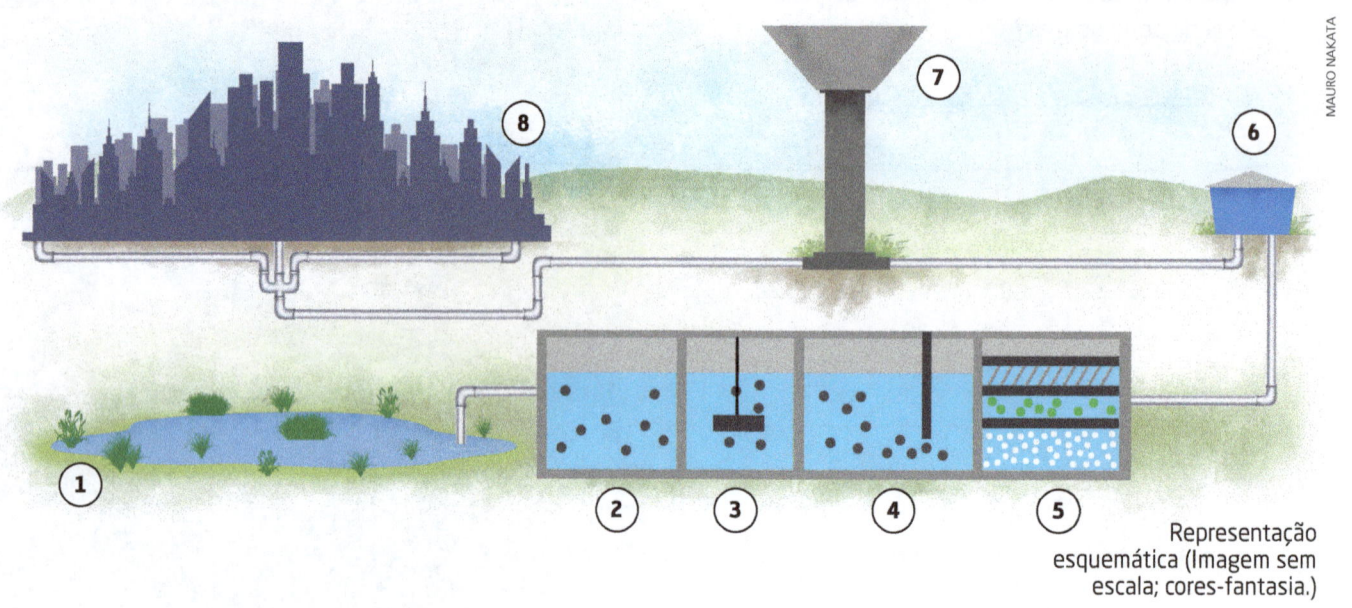

Representação esquemática (Imagem sem escala; cores-fantasia.)

_____
_____
_____
_____

12. Ligue as imagens para descrever o caminho que a água deve seguir, desde a captação até a eliminação pelo esgoto.

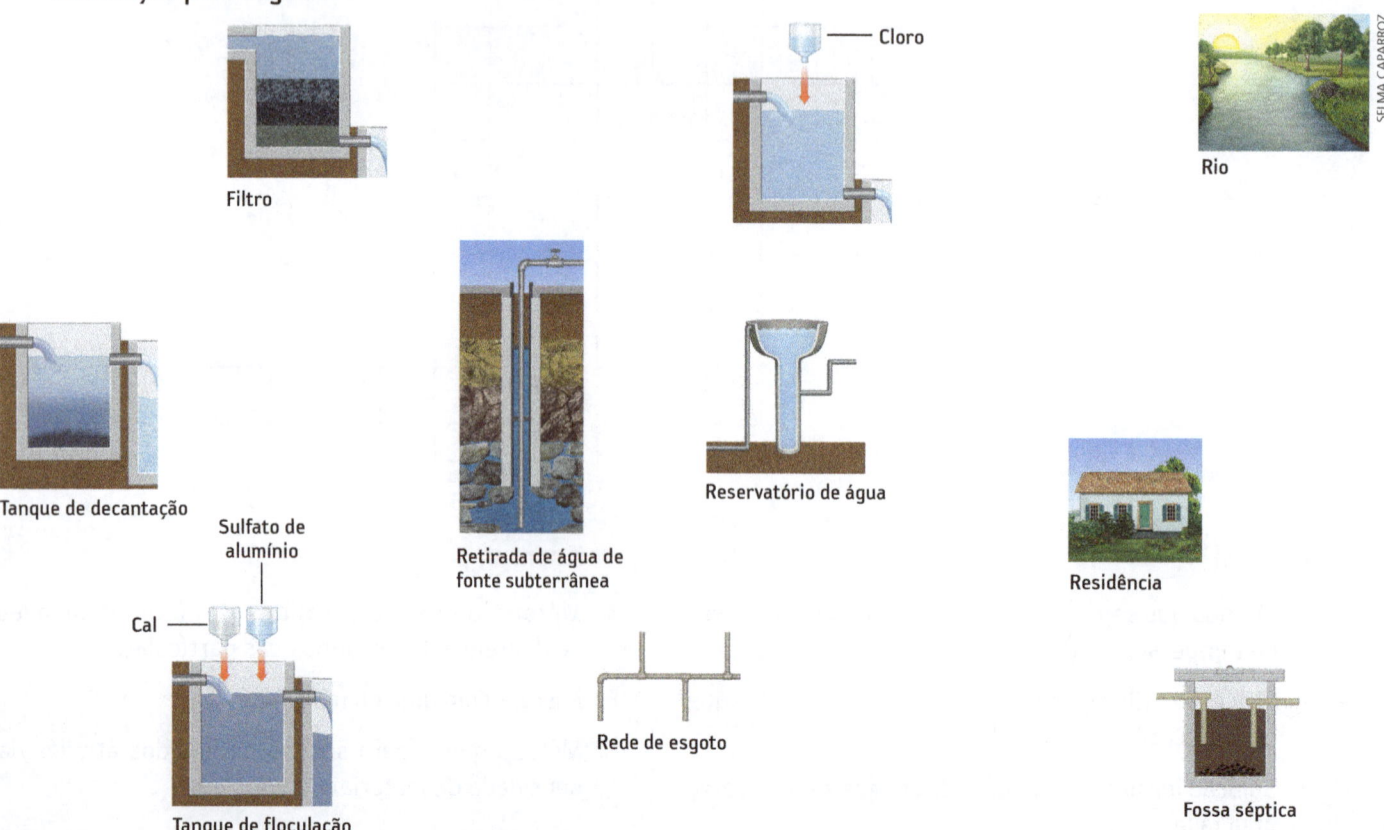

13. Associe cada imagem às doenças relacionadas à água: amebíase, hepatite A, dengue e leptospirose. Justifique sua resposta.

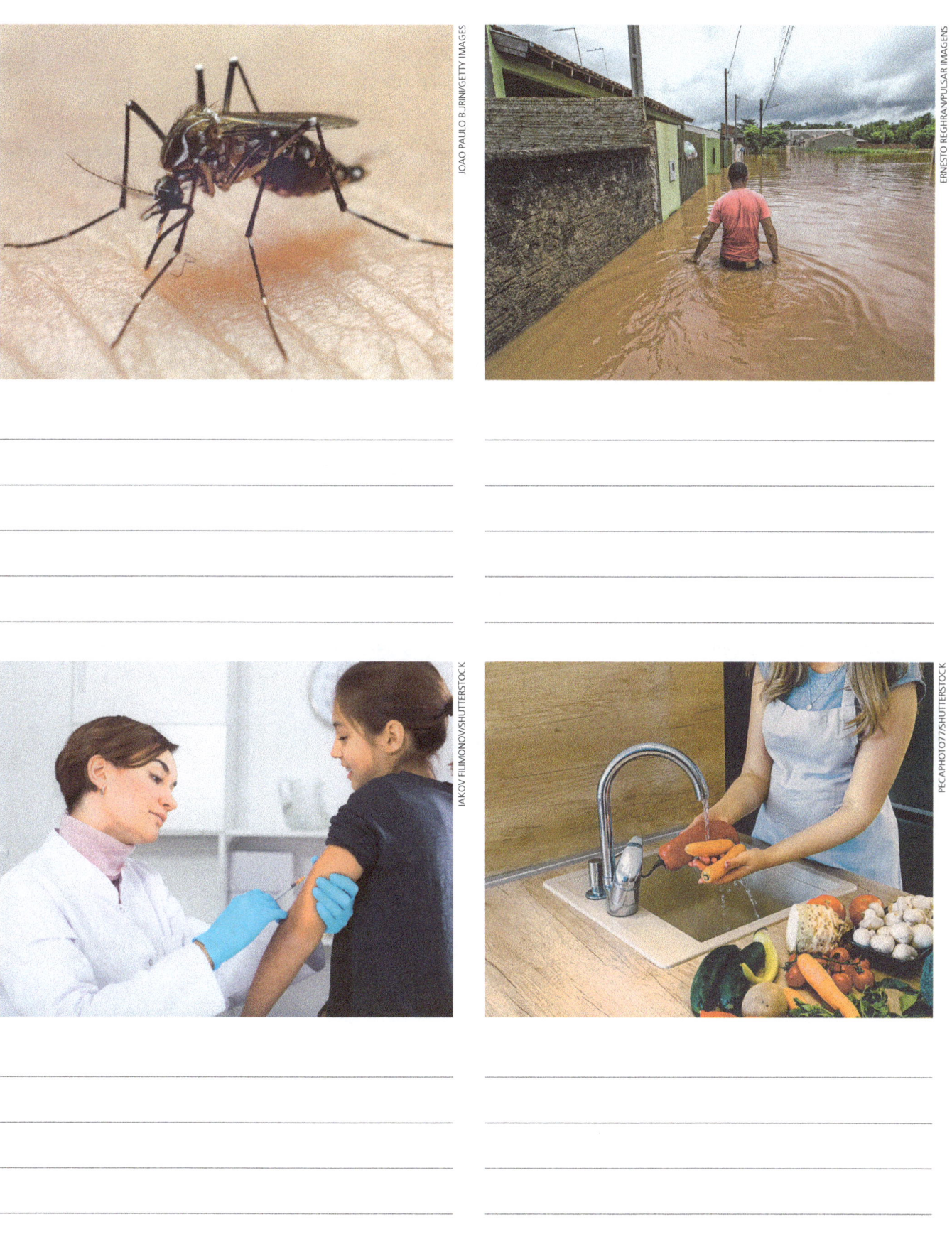

UNIDADE 4 A CROSTA TERRESTRE

RECAPITULANDO

- As rochas podem ser classificadas de acordo com a sua origem. As rochas **ígneas ou magmáticas** são produzidas a partir da solidificação do magma, o que pode ocorrer de forma rápida na superfície da Terra, ou lenta, abaixo da superfície terrestre. As rochas **sedimentares** são formadas pelo acúmulo de sedimentos que formam camadas. Elas podem conter fósseis. As rochas **metamórficas** são formadas pela transformação de qualquer tipo de rocha, inclusive das próprias metamórficas.

- O solo é a camada mais superficial da crosta terrestre. Ele é composto por materiais inorgânicos e materiais orgânicos. O solo é usado na agricultura, na criação de animais e para o extrativismo – mineral ou vegetal.

- Alguns dos nutrientes encontrados no solo são originados de seres vivos e de seus restos. Eles são liberados durante o processo de decomposição e absorvidos pelas plantas, que os transferem para os demais organismos através da alimentação.

- O solo é formado por um conjunto de processos denominado **intemperismo**, que pode ser físico ou químico. O intemperismo físico ocorre devido a ação de agentes físicos, como o vento, já o intemperismo químico acontece quando ocorrem alterações químicas causadas por substâncias presentes na água ou na atmosfera.

- A degradação do solo é consequência de vários processos, como retirada da cobertura vegetal da camada superficial, tráfego de máquinas ou pavimentação por asfalto, causando, respectivamente, erosão, compactação e impermeabilização do solo.

- A contaminação do solo é outra causa da degradação. Já as queimadas diminuem a quantidade de húmus no solo.

- Para evitar a degradação do solo, é preciso que as atividades que o envolvem sejam planejadas, preservando a cobertura vegetal e utilizando técnicas de plantio.

1. Complete os diagramas abaixo sobre os minerais e rochas.

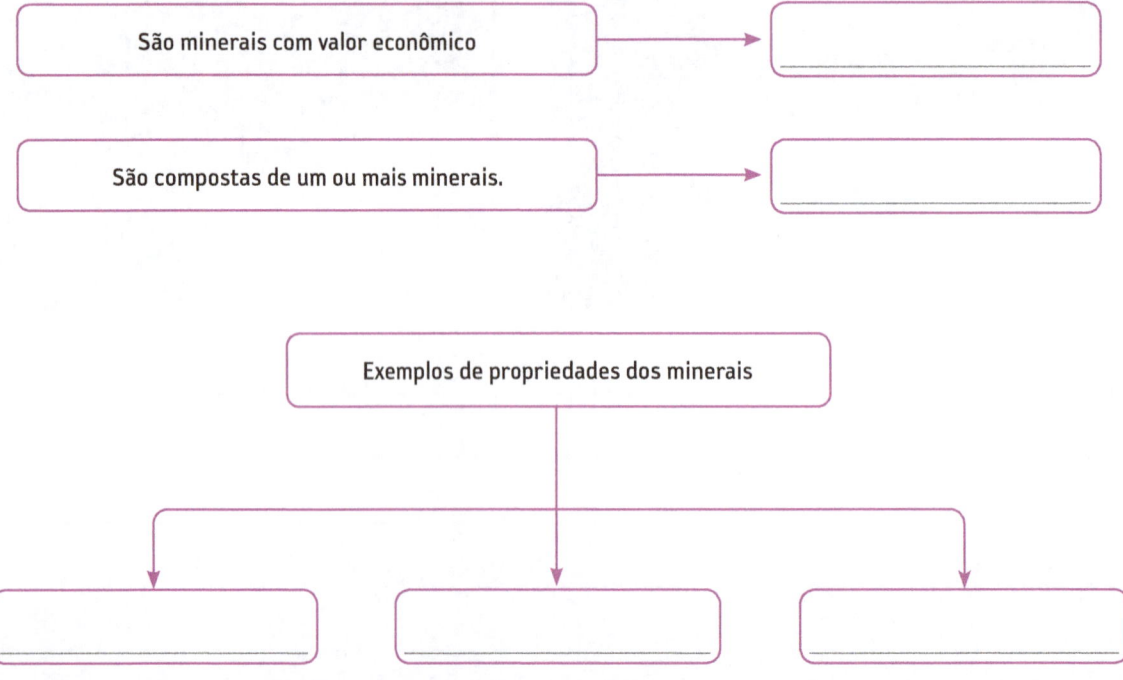

28

2. Preencha as fichas abaixo, considerando as características do solo, sua formação, composição e importância.

Descrição	Formação

Solo

Seres vivos	Importância

3. Classifique os exemplos abaixo de acordo com o tipo de rocha. Faça um círculo nas rochas ígneas, um retângulo nas sedimentares e um triângulo nas metamórficas.

granito   arenito   basalto   mármore   pedra-pomes   andesito

pedra-sabão   ardósia   calcário   varvito   gnaisse   argilito

4. As imagens a seguir representam as etapas de formação do solo misturadas. Ordene-as corretamente e depois explique como o solo se forma.

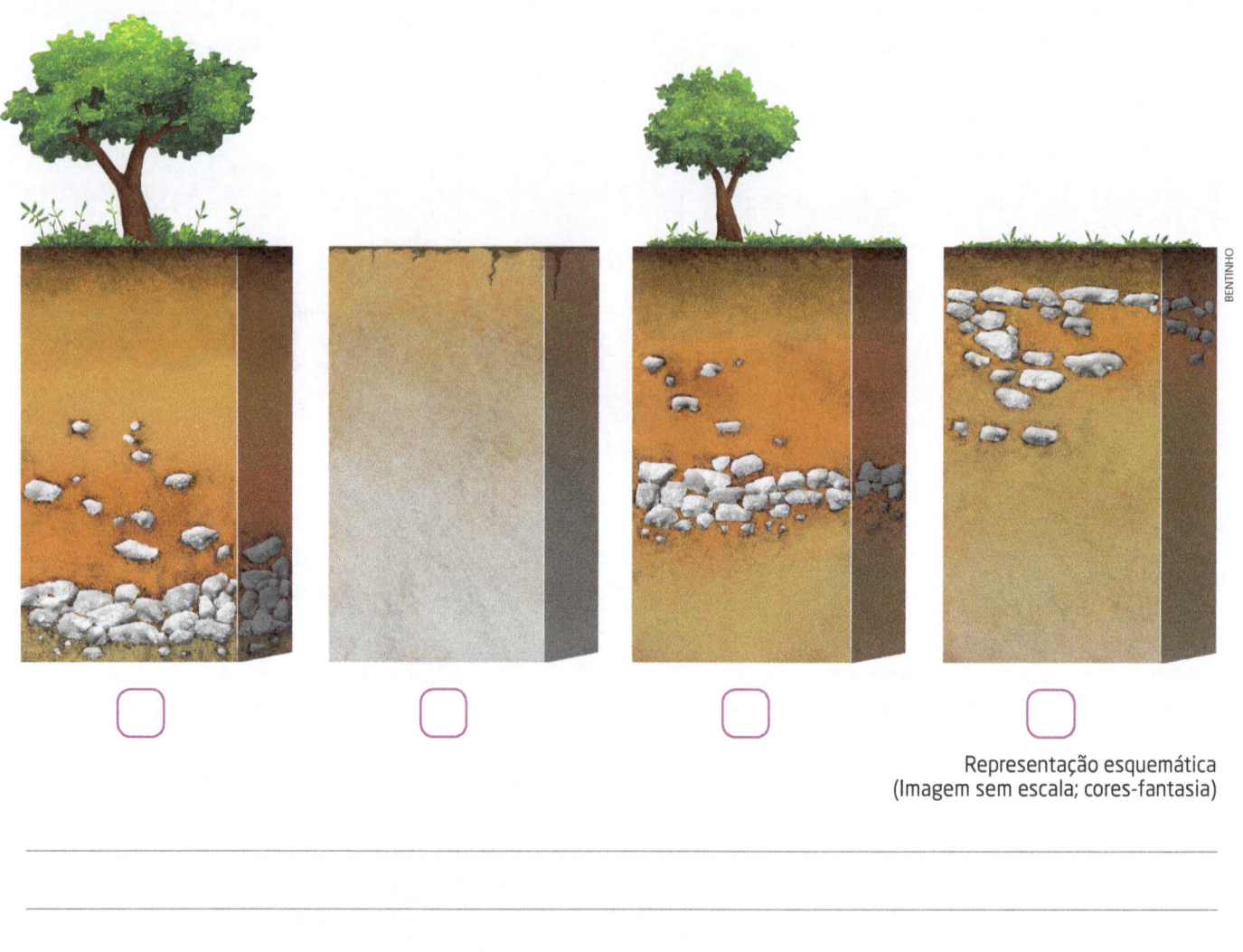

Representação esquemática
(Imagem sem escala; cores-fantasia)

_____
_____
_____

5. Assinale (V) para as afirmações verdadeiras e (F) para as afirmações falsas, corrigindo-as.

a) ( ) O intemperismo físico ocorre quando agentes físicos, como a ação do vento ou da água, quebram as rochas.

b) ( ) Os liquens são seres vivos que auxiliam na formação do solo, pois liberam substâncias que intensificam o intemperismo físico.

c) ( ) No intemperismo químico das rochas, acontecem as alterações físicas que as transformam em sedimentos, podendo levar à formação do solo.

d) ( ) A variação de temperatura durante o dia e a noite faz com que as rochas se dilatem podendo, após várias repetições, quebrar-se.

e) ( ) A rocha mãe é uma rocha dura, que se transforma em solo através do intemperismo.

_____
_____
_____

6. Observe a imagem a seguir e responda.

a) Qual é o nome da impressão deixada por animais ou plantas nas rochas?
_____

b) Em que tipo de rochas essas impressões são encontradas? Explique como elas são formadas.
_____
_____
_____
_____

7. Complete as lacunas do organizador gráfico abaixo, que trata das etapas do intemperismo nas rochas até a formação do solo.

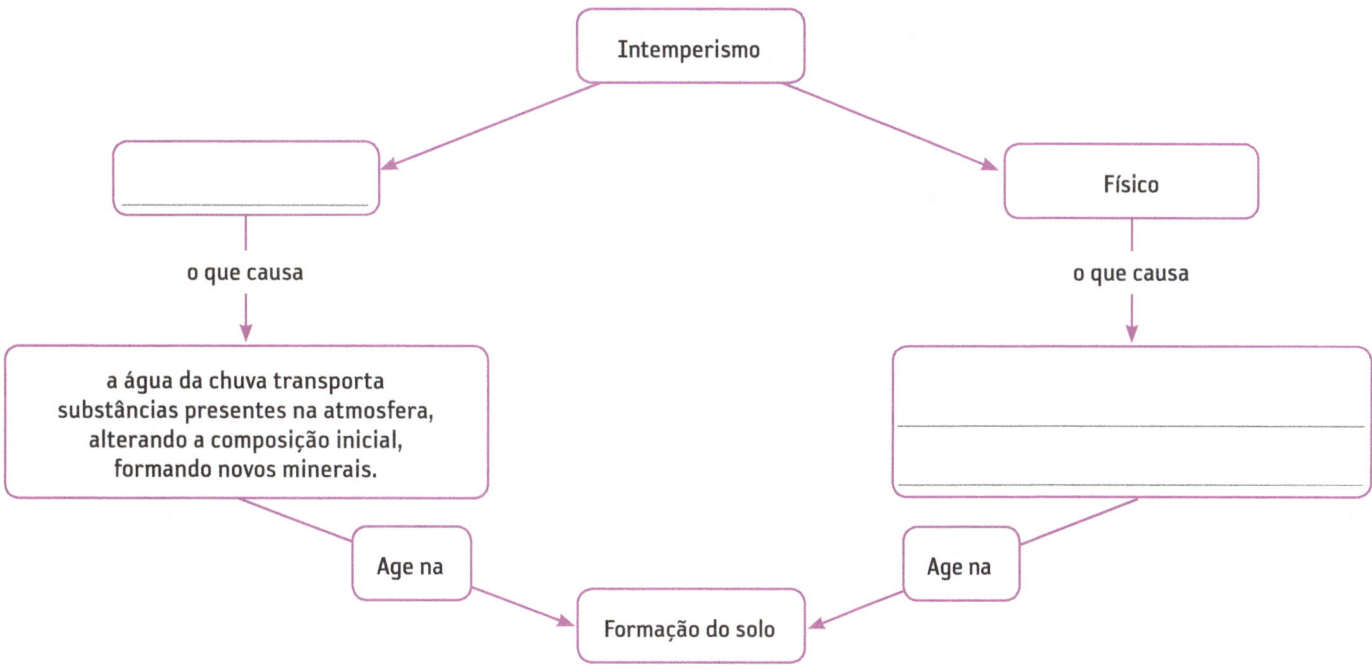

8. Observe a imagem a seguir e responda à questão.

• Qual é o papel desempenhado pelas minhocas no solo?

_____

_____

_____

_____

_____

_____

É comum encontrar minhocas em solos férteis.

9. Observe as situações abaixo e marque aquelas que têm relação com o uso do solo.

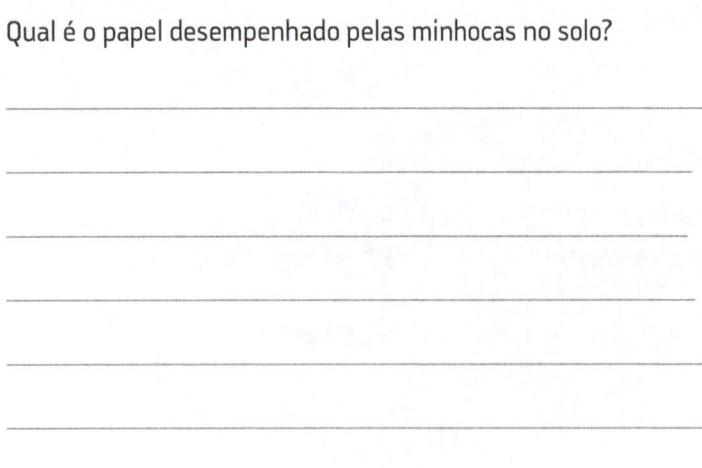

10. Complete o diagrama com os principais processos de degradação do solo.

Processos de degradação do solo

- erosão
- ______________________
- ______________________
- ______________________
- ______________________

11. As imagens a seguir apresentam eventos que podem prejudicar a qualidade do solo. Observe-as e, em seguida, identifique o que aconteceu em cada uma delas.

ANDRE DIB/PULSAR IMAGENS

____

GERSON GERLOFF/PULSAR IMAGENS

____

LUCAS LACAZ RUIZ/FUTURA PRESS

____

ANTONIO CICERO/FOTOARENA

____

CARLOS GREVI/FUTURA PRESS

____

THOMAZ VITA NETO/TYBA

____

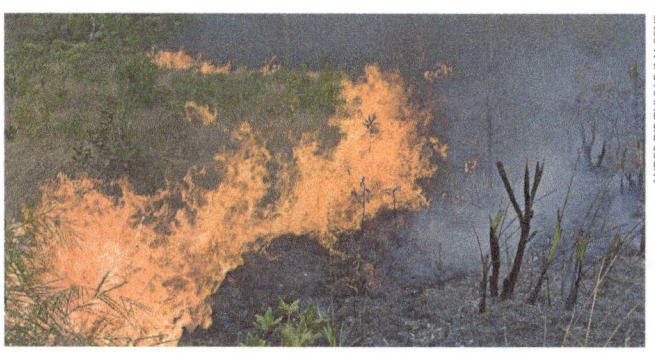

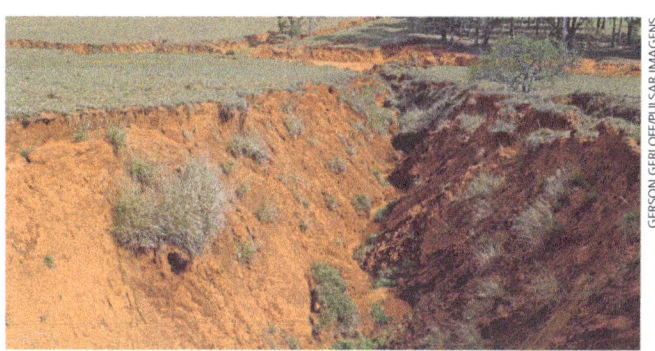

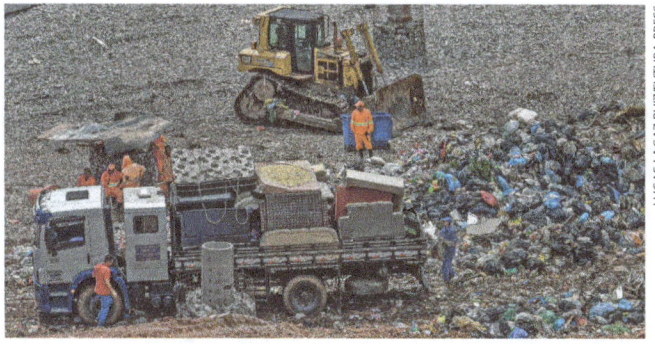

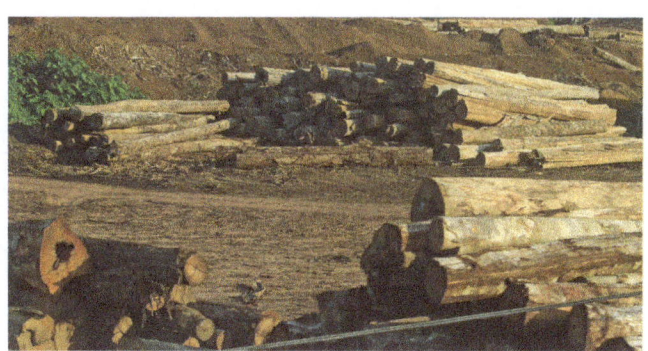

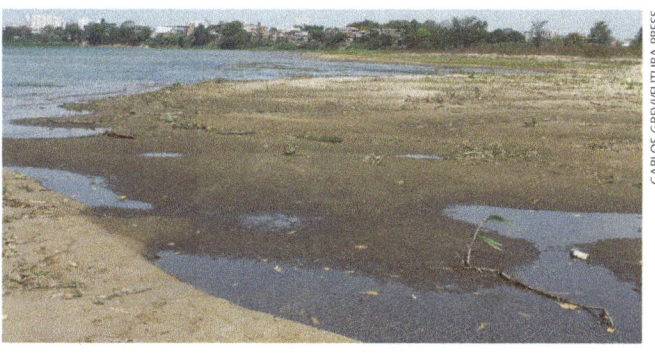

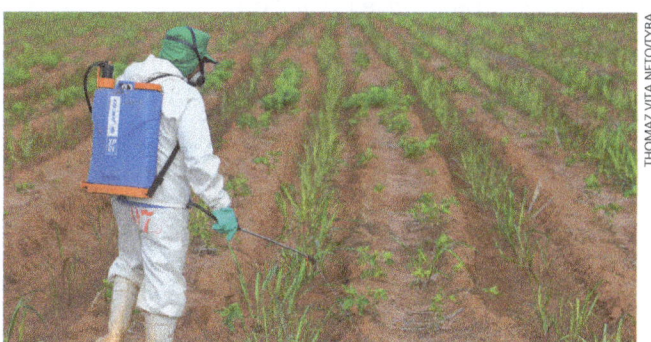

12. Observe a imagem e responda às questões.

Alagamento em Salvador, na Bahia, em 2018.

a) Qual a relação da imagem com o uso do solo?

_____
_____
_____

b) Como esse problema poderia ser solucionado?

_____
_____
_____
_____

13. Marque (V) para as afirmativas verdadeiras e (F) para as falsas, corrigindo-as na sequência.

a) ( ) A compostagem é um processo de decomposição da matéria orgânica, resultando em um composto aplicável ao solo.

b) ( ) Na rotação de cultura, não é necessário alternar o plantio de diferentes vegetais, apenas a região em que eles estão sendo plantados.

c) ( ) O terraceamento é feito em terrenos inclinados para diminuir a velocidade da água em seu caminho morro abaixo.

d) ( ) A adubação verde acrescenta nutrientes ao solo por meio de restos de plantas, esterco animal ou restos de alimentos.

e) ( ) A camada de matéria orgânica estimula a erosão e a perda de água do solo.

_____
_____
_____
_____

14. Leia a história em quadrinhos a seguir e responda:

a) A quais situações o lenhador foi submetido pelas crianças? Por quê?

_____
_____
_____
_____

b) Qual foi a intenção das crianças ao submetê-lo a essas funções?

_____

_____

_____

c) O que o corte de árvores pode acarretar ao solo?

_____

_____

15. Observe a ilustração e responda às questões.

Representação esquemática
(Imagem sem escala; cores-fantasia.)

a) Qual é o nome dado à vegetação que fica às margens dos rios?

_____

_____

b) Qual é a importância dessa vegetação?

_____

_____

c) O que acontece quando essa vegetação é retirada das margens dos rios?

_____

UNIDADE 5 DE OLHO NO CÉU

RECAPITULANDO

- A **Astronomia** é o estudo das estrelas, dos planetas e de outros astros. Ela busca a compreensão da origem, a formação e a composição do Universo. Isso é feito com o auxílio de equipamentos, como lunetas e telescópios. Outra maneira de estudar o Universo é por meio de análise de imagens ou amostras de astros, obtidas por satélites e sondas.

- Para realizar observações astronômicas, é importante conhecer a **longitude** e a **latitude** do observador. Para dois observadores explicarem um ao outro a posição de um astro, é necessário que definam essa posição em relação a duas coordenadas: o **horizonte** e o **zênite**.

- Na observação diurna, é possível perceber o **movimento aparente do Sol** no céu, desde o amanhecer até o anoitecer. Isso pode ser analisado verificando-se a posição da sombra de um mesmo objeto ao longo do dia. As sombras são maiores quando o Sol nasce e se põe e são menores próximo ao meio-dia.

- O **gnômon** é um instrumento utilizado para medir as horas e as épocas do ano.

- O movimento da Terra em torno de seu eixo é chamado de **rotação**. Ele é responsável pelo movimento aparente do Sol e pela sucessão de dias e noites.

- O movimento da Terra em torno do Sol é chamado de **translação**. Ele é responsável pela sucessão dos anos.

- O **equinócio** é o dia do ano em que a noite e o dia claro têm a mesma duração. Os equinócios marcam o início da primavera e do outono.

- O **solstício** é o dia do ano em que a duração do dia claro e da noite alcança a diferença máxima. Há dois solstícios por ano: no início do verão e no início do inverno.

- Antigamente, acreditava-se que o Sol e os outros astros girassem ao redor da Terra. Esse modelo é chamado **geocêntrico**. Posteriormente, ficou claro que a Terra e os outros planetas do Sistema Solar orbitam o Sol. Esse modelo recebeu o nome de **heliocêntrico**.

1. Observe os equipamentos a seguir e circule somente aqueles que são comumente usados para o estudo do céu.

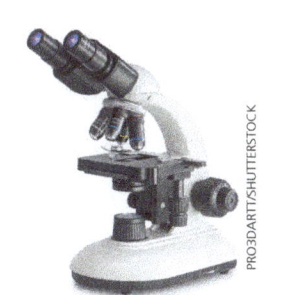

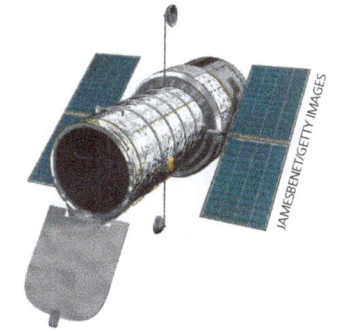

2. Complete as frases a seguir e, depois, preencha a cruzadinha com as palavras correspondentes.

a) No monumento Stonehenge, algumas pedras estão alinhadas com o nascer e o pôr do _____ (1).

b) A _____ (2) foi criada por Galileu Galilei e possibilitou a visualização das luas de _____ (3) e de uma grande quantidade de _____ (4).

c) Os _____ (5) espaciais são muito eficientes e possuem câmeras de alta resolução. Eles permitem a obtenção de imagens de _____ (6) do Sistema Solar e de algumas _____ (7).

3. Assinale (V) para as afirmações verdadeiras e (F) para as falsas a respeito dos pontos de referência na Astronomia.

( ) O horizonte é uma linha imaginária situada entre o céu e o solo ou água.

( ) O zênite é o ponto na esfera celeste exatamente acima do observador.

( ) Todos os dias, ao meio-dia, o Sol passa pelo zênite.

( ) A posição de um astro pode ser definida em relação a duas coordenadas: horizonte e zênite.

( ) Para saber a posição de alguém no planeta, basta conhecer a sua latitude.

4. Indique a relação entre cada instrumento e sua descrição.

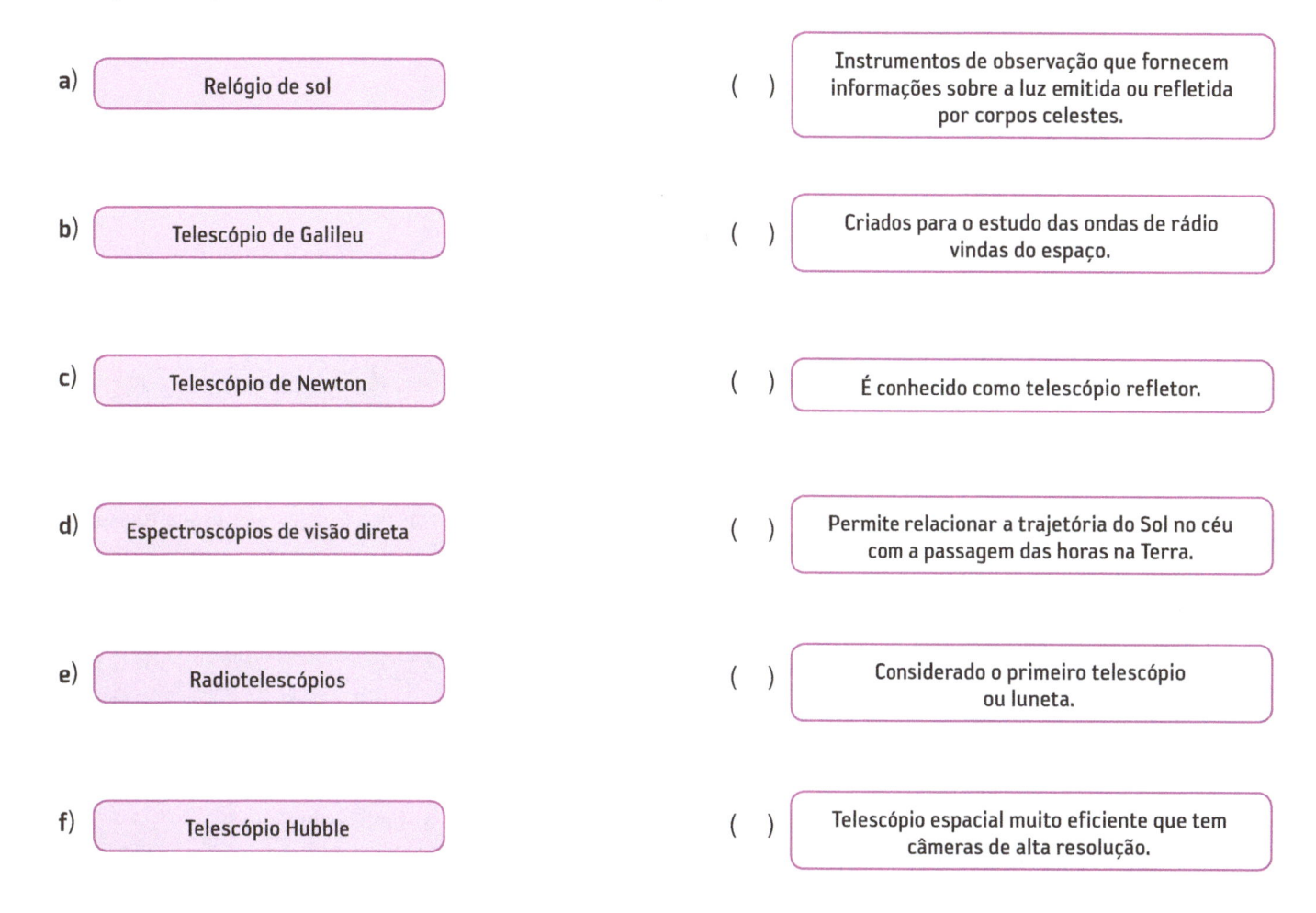

a) Relógio de sol — ( ) Instrumentos de observação que fornecem informações sobre a luz emitida ou refletida por corpos celestes.

b) Telescópio de Galileu — ( ) Criados para o estudo das ondas de rádio vindas do espaço.

c) Telescópio de Newton — ( ) É conhecido como telescópio refletor.

d) Espectroscópios de visão direta — ( ) Permite relacionar a trajetória do Sol no céu com a passagem das horas na Terra.

e) Radiotelescópios — ( ) Considerado o primeiro telescópio ou luneta.

f) Telescópio Hubble — ( ) Telescópio espacial muito eficiente que tem câmeras de alta resolução.

5. Utilize a imagem do globo terrestre abaixo para desenhar e identificar as seguintes linhas imaginárias: Linha do Equador, Trópico de Câncer, Trópico de Capricórnio e um meridiano qualquer.

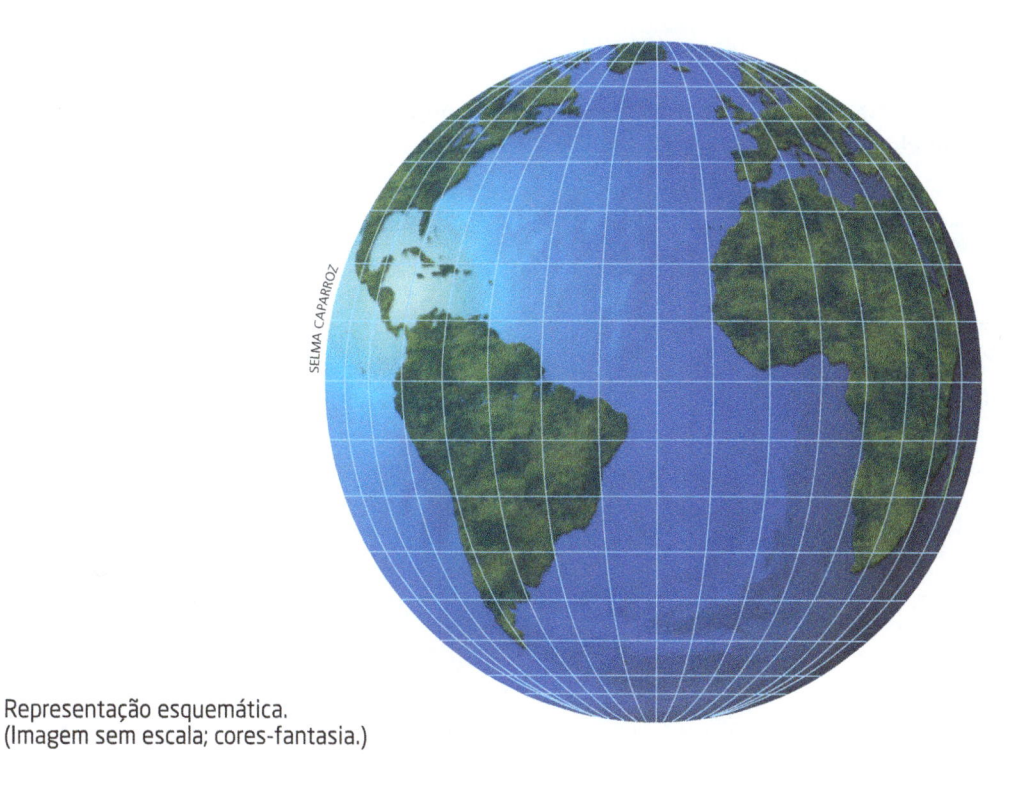

Representação esquemática.
(Imagem sem escala; cores-fantasia.)

6. Observe a ilustração a seguir e faça o que se pede.

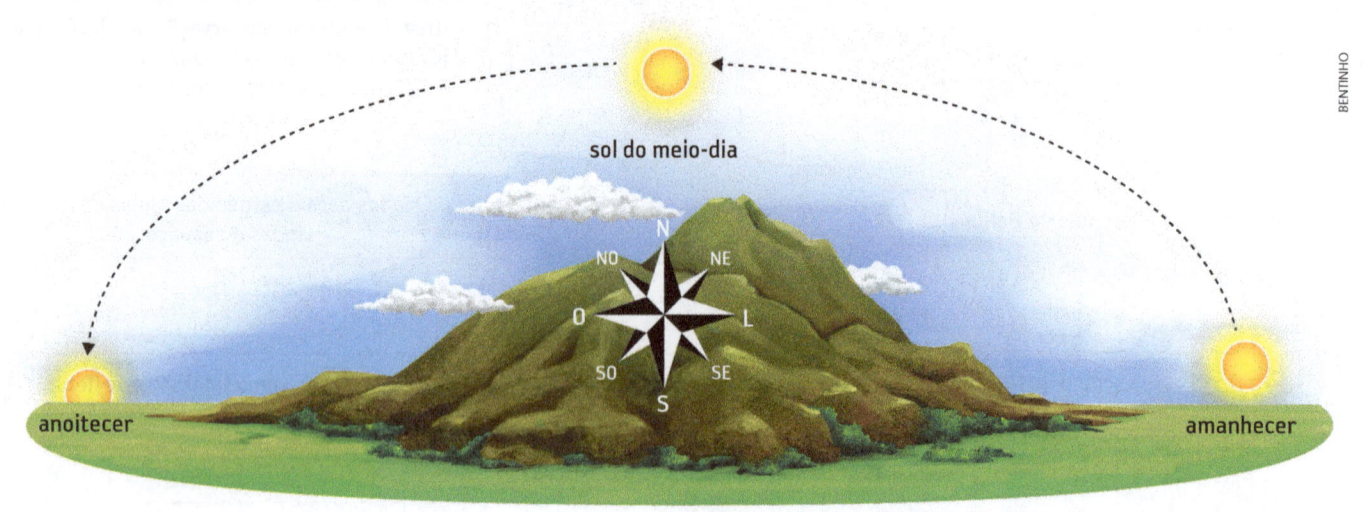

sol do meio-dia

anoitecer   amanhecer

Representação esquemática. (Imagem sem escala; cores-fantasia.)

a) O que a imagem mostra? Explique.

_____
_____
_____

b) Quando um objeto é exposto à luz do Sol, em que momentos do dia sua sombra será mais longa? E em qual momento será mais curta?

_____
_____
_____
_____

7. Observe a posição do Sol na imagem abaixo. Desenhe as sombras dos objetos e justifique a localização e o tamanho escolhidos para elas.

_____
_____
_____
_____
_____
_____
_____
_____
_____

8. Observe a imagem e, depois, responda às questões.

a) Que instrumento é esse?

b) Para que serve esse instrumento?

c) Como funciona esse instrumento?

d) Por que ocorre a variação na posição das sombras?

9. Observe a imagem a seguir e faça o que se pede.

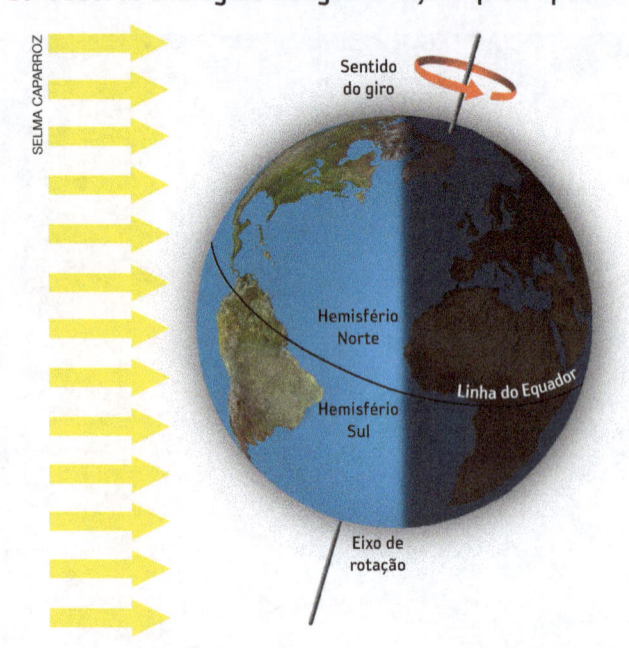

a) A imagem se refere ao movimento de _____ da Terra.

b) Quanto tempo a Terra leva para completar esse movimento?

_____

_____

_____

c) Qual fenômeno está relacionado a esse movimento?

_____

_____

_____

_____

10. Observe a imagem a seguir, analise-a e, depois, faça o que se pede.

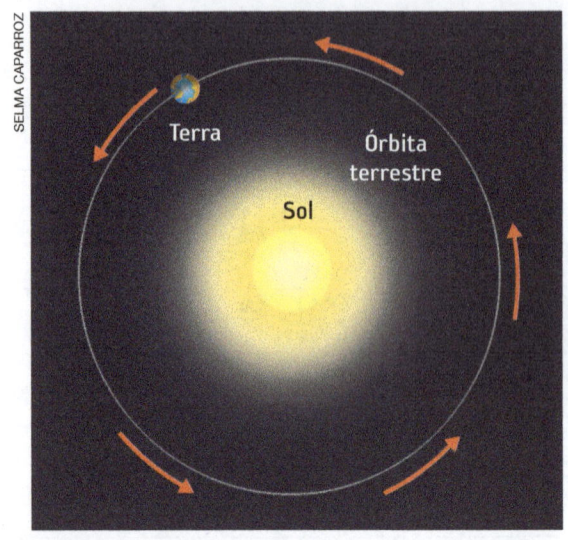

a) Qual é o movimento da Terra que está representado na ilustração?

_____

_____

_____

b) Quanto tempo a Terra leva para completar esse movimento?

_____

_____

_____

Representação esquemática. (Imagem sem escala; cores-fantasia.)

c) Qual fenômeno climático está relacionado a esse movimento?

_____

d) Explique como acontece o fenômeno mencionado na pergunta do item anterior.

_____

_____

_____

_____

_____

11. Relacione os fenômenos observados nas imagens abaixo aos movimentos da Terra. Em seguida, descreva algumas características desses movimentos, preenchendo o quadro.

Estações do ano	Dia e noite

Movimento de rotação	Movimento de translação
Descrição do movimento:	Descrição do movimento:
Duração de um ciclo:	Duração de um ciclo:

12. Encontre as palavras relacionadas aos movimentos da Terra no diagrama a seguir.

P	R	I	M	A	V	E	R	A	C	V	V	T	S	S
Z	A	S	G	H	J	C	R	H	Y	K	L	R	Ç	O
T	E	M	P	E	R	E	I	X	O	A	T	A	R	A
D	W	U	Y	A	C	S	V	G	U	I	Z	N	G	D
Q	N	C	R	O	J	T	E	U	O	N	Á	S	J	I
S	O	Y	H	U	L	A	R	K	A	V	R	L	S	A
T	I	R	O	T	A	Ç	Ã	O	Z	E	Á	A	O	Á
E	T	Q	E	O	W	Õ	O	T	U	R	V	Ç	L	C
R	E	F	R	N	C	E	K	Á	P	N	A	Ã	O	K
R	C	Z	E	O	G	S	O	R	Q	O	E	O	Á	W
A	D	S	S	G	Z	W	E	J	G	Y	C	A	L	G
C	V	V	H	A	K	O	G	S	M	P	E	Y	U	P
E	I	X	O	*	I	M	A	G	I	N	Á	R	I	O

13. A imagem representa a Terra durante um solstício. Identifique em que hemisfério ocorre o solstício de inverno e em qual ocorre o de verão.

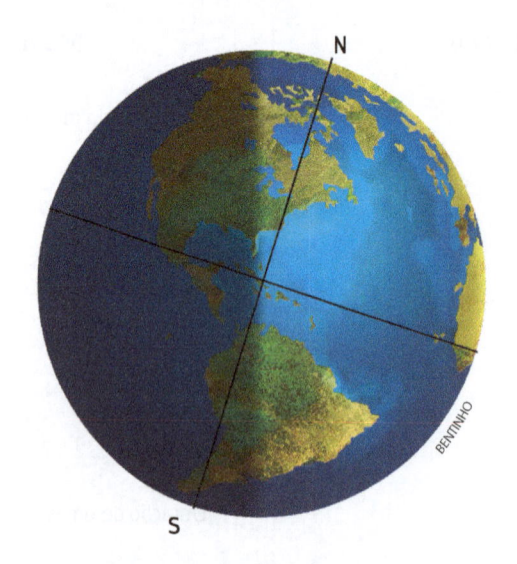

Representação esquemática.
(Imagem sem escala; cores-fantasia.)

14. Leia as afirmações sobre a história da astronomia e assinale (V) para as afirmações verdadeiras e (F) para as falsas.

( ) No modelo geocêntrico, o Sol fica no centro do Universo.

( ) Galileu Galilei foi um dos pioneiros na utilização dos telescópios.

( ) No modelo heliocêntrico, o Sol é considerado o centro do Universo.

( ) Os cometas, os satélites naturais e os asteroides ficam estáticos no Universo.

( ) Atualmente, considera-se que o Sol é o centro do Sistema Solar, e não o centro do Universo.

15. Classifique cada figura a seguir de acordo com a concepção dos modelos que descrevem a movimentação dos astros. Em seguida, complete com as informações necessárias.

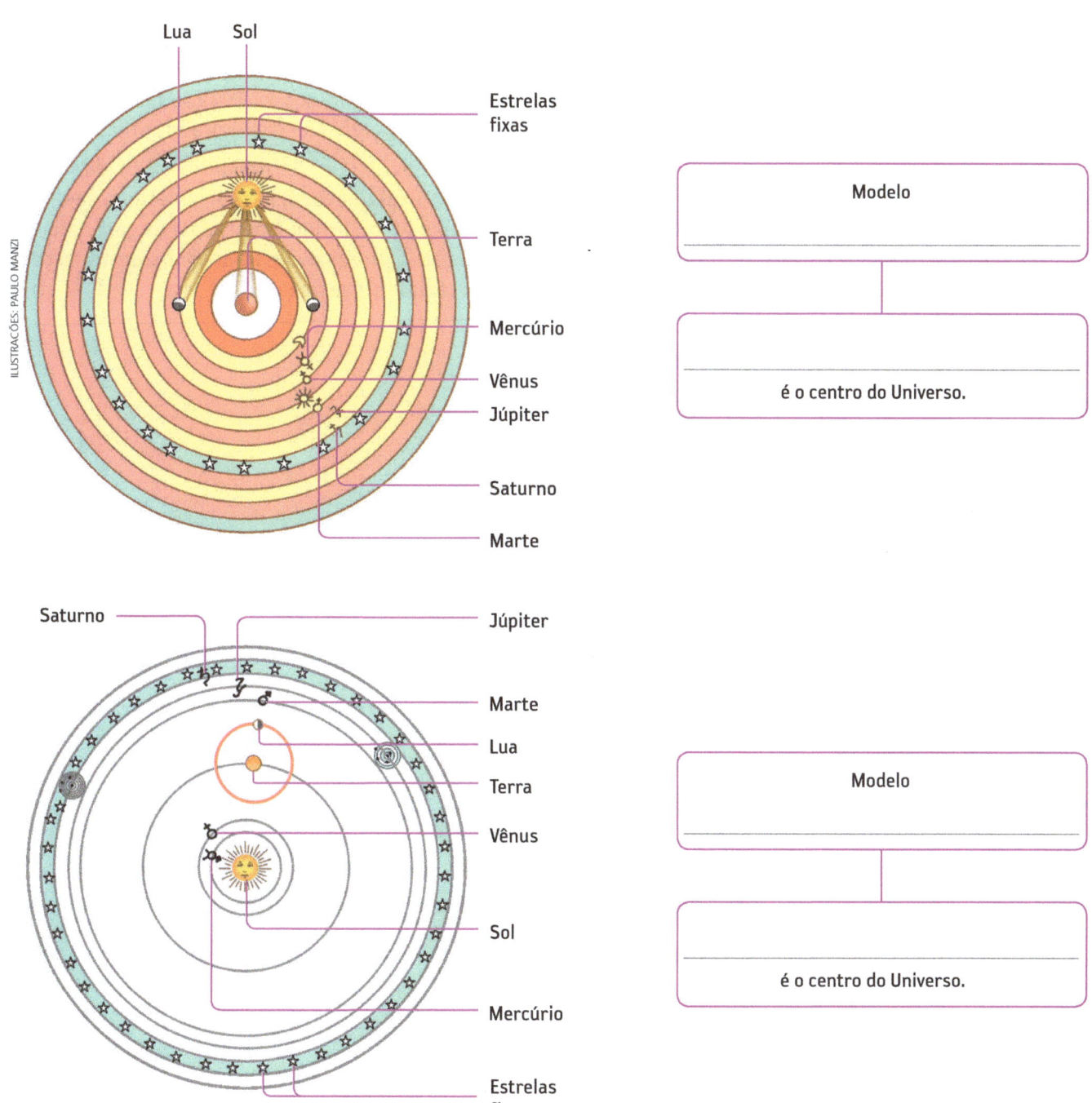

Modelo _____

_____ é o centro do Universo.

Modelo _____

_____ é o centro do Universo.

UNIDADE 6 OS MATERIAIS

RECAPITULANDO

- A quantidade de determinado material é definida como **massa**. Geralmente, utilizamos as unidades quilograma (kg) ou grama (g) para expressar a massa.

- O espaço ocupado por um determinado material (sólido, líquido ou gasoso) indica o seu **volume**; geralmente utilizamos as unidades litro (L) ou mililitro (mL) para representá-lo.

- Os materiais podem ser encontrados em estados físicos distintos: **sólido**, **líquido** e **gasoso**. As características específicas de cada material estão relacionadas ao seu estado físico.

- Os **materiais sólidos** apresentam **forma definida** e **volume constante** em determinada temperatura, podendo ser elásticos, maleáveis ou resistentes. Os **materiais líquidos** têm **forma variável** e volume **constante** em determinada temperatura. Os **materiais gasosos** têm **forma e volume variáveis** e têm capacidade de expansão e compressão.

- Os materiais podem apresentar diferentes composições, o que determina suas características e **propriedades**.

- As **transformações** estão presentes no nosso cotidiano e podem ser **físicas** ou **químicas**. As físicas modificam um material sem alterar sua composição. Já as químicas alteram a sua composição, dando origem a um novo material com características distintas do original.

- Há materiais que são obtidos a partir da natureza – **materiais naturais** – e aqueles que são produzidos a partir de um material de origem natural ou de materiais que já passaram por transformações – **materiais sintéticos**.

1. Complete o diagrama com as características dos materiais.

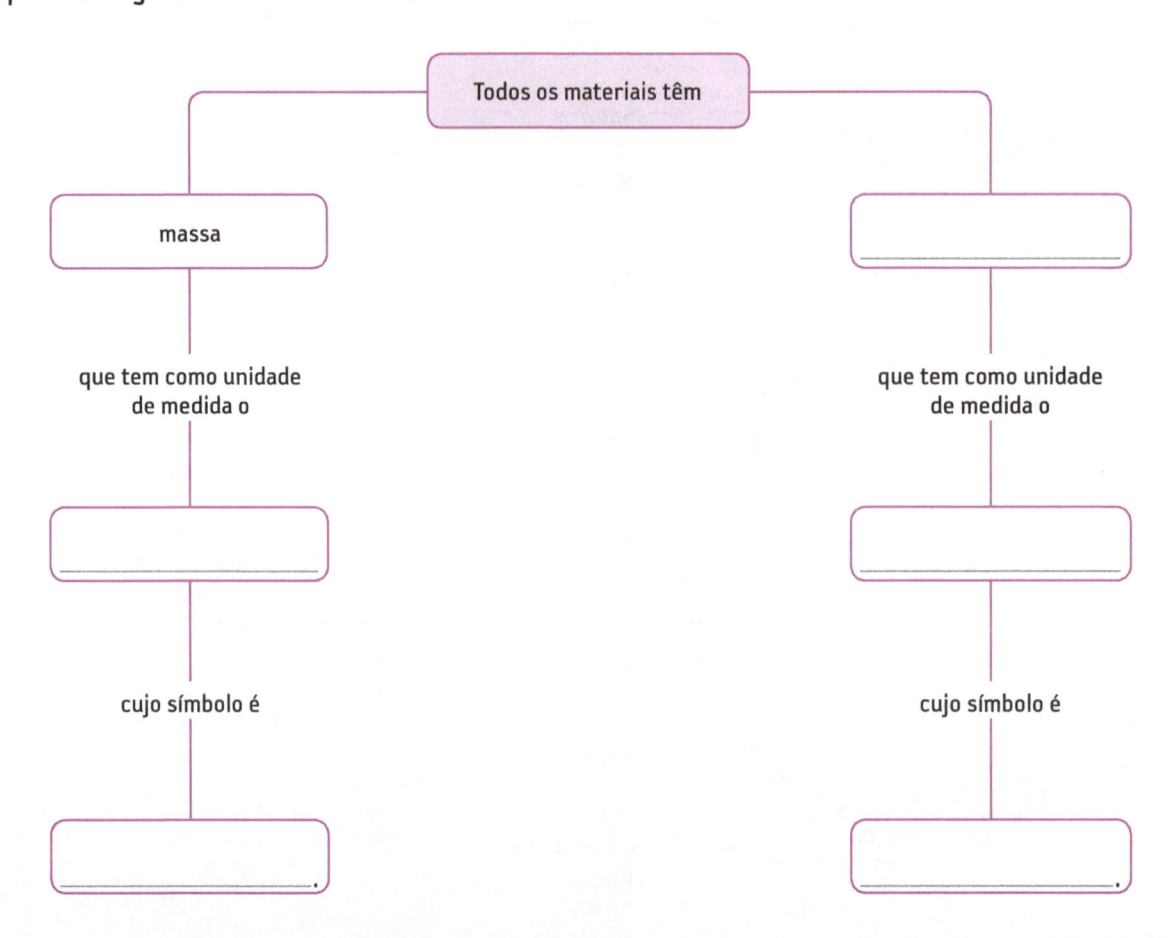

Todos os materiais têm

- massa
  - que tem como unidade de medida o _____
  - cujo símbolo é _____

- _____
  - que tem como unidade de medida o _____
  - cujo símbolo é _____

2. Observe a imagem a seguir e responda.

Uma mesma quantidade de água colorida com corante foi colocada nos diferentes recipientes ao lado.

- Em qual recipiente o volume de água é maior: no copo, na garrafa, no vaso ou na xícara? Justifique.

_____
_____
_____

3. Observe a imagem a seguir e responda.

- O que acontecerá com o nível da água se o menino colocar a pedra dentro do copo? Justifique sua resposta.

_____
_____
_____
_____
_____
_____
_____
_____
_____
_____

4. Preencha o quadro a seguir com as características dos materiais nos diferentes estados físicos.

Material	Forma (definida/variável)	Volume em determinada temperatura (constante/variável)	Exemplo
Sólido			
Líquido			
Gasoso			

5. Leia a tirinha a seguir e, depois, responda às questões.

a) As transformações pelas quais a água passou são físicas ou químicas?

b) A que o personagem Bidu se refere ao dizer: "Seu caso de personalidade tripla é realmente muito sério!"?

6. Relacione cada material a uma característica.

Elasticidade   Resistência   Maleabilidade   Transparência

7. Encontre no diagrama as palavras que completam as frases. Em seguida, preencha as lacunas com as palavras encontradas.

V	R	C	D	E	T	V	V	Y	S	S	D
O	H	S	G	H	J	K	V	C	Ç	O	F
L	E	G	L	Í	Q	U	I	D	O	S	T
Á	W	U	U	I	C	D	S	D	G	D	F
T	Á	C	R	A	J	K	C	Á	J	Á	O
E	G	Y	C	A	E	O	O	D	S	D	R
I	U	W	V	G	D	E	S	Á	O	Á	M
S	A	Q	F	U	W	Q	O	C	L	C	A
T	E	F	R	O	C	H	S	K	O	K	X
L	U	Z	W	V	O	L	U	M	E	W	L

a) Os materiais _____, a uma dada temperatura, possuem _____ variável e _____ constante.

b) Os líquidos mais _____ escorrem lentamente pelas paredes dos recipientes em que estão armazenados; já os líquidos mais _____ evaporam com facilidade.

8. Complete o diagrama usando as palavras do quadro a seguir. Uma das palavras pode aparecer mais de uma vez.

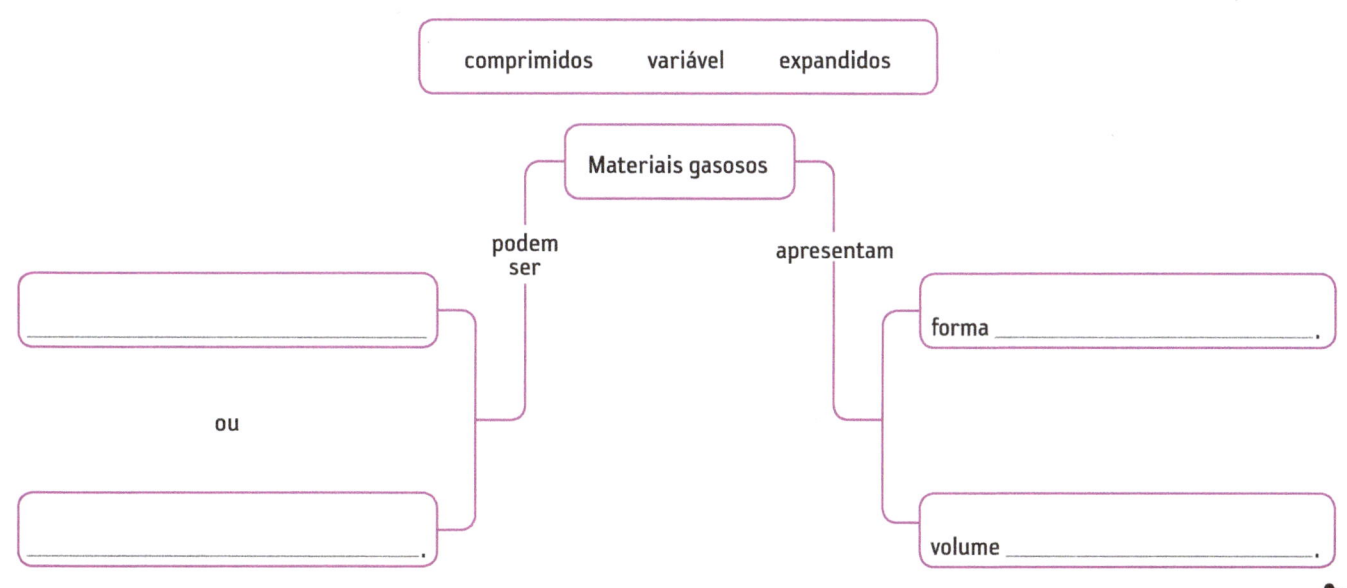

comprimidos   variável   expandidos

Materiais gasosos

podem ser: _____ ou _____.

apresentam:
forma _____.
volume _____.

9. Identifique qual das situações a seguir envolve transformação química. Justifique sua resposta.

Situação I. Um recipiente com água fria foi colocado sobre o fogo até a água ferver.

Situação II. Um frasco de leite foi deixado fora da geladeira e, após alguns dias, o leite estragou.

_____

_____

10. Complete a cruzadinha sobre transformações físicas e químicas dos materiais.

Vertical

1. Transformação química utilizada na produção de pães.
2. Divisão do material em pedaços.
3. Transformação química que provoca o apodrecimento da laranja.

Horizontal

1. Aumento do volume do material quando se aquece.
2. Tipo de transformação que altera a composição do material, podendo gerar nova substância.
3. Tipo de transformação que não altera a composição do material.

11. Observe as imagens a seguir e classifique cada transformação em química ou física.

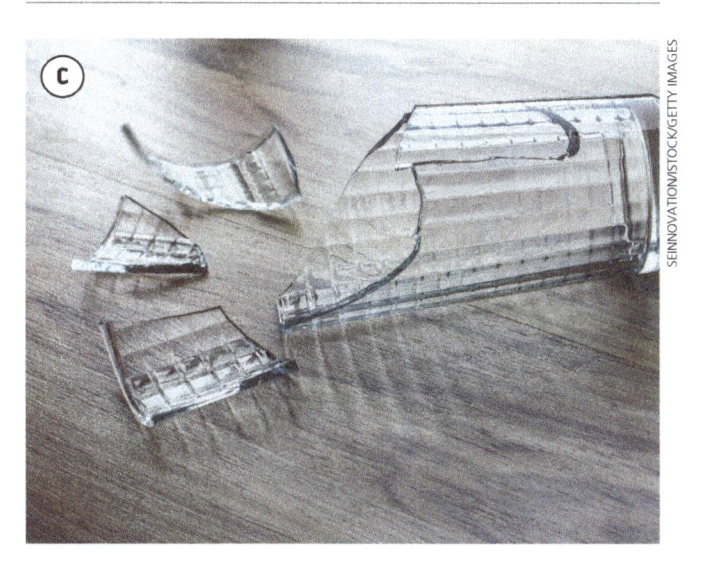

A	B
C	D
E	F

12. Observe os objetos a seguir e identifique o tipo de material utilizado em cada um deles, classificando-o em material natural ou sintético.

_____   _____
_____   _____

_____   _____
_____   _____

13. Analise as afirmações e marque (V) para as verdadeiras e (F) para as falsas, corrigindo-as na sequência.

a) (   ) Os materiais sintéticos podem ser produzidos a partir de um material de origem natural ou de outros materiais sintéticos.

b) (   ) O vidro tem origem na mistura aquecida de areia e outros materiais, sendo um exemplo de material de origem natural.

c) (   ) Os materiais sintéticos, como os medicamentos e os materiais plásticos, passam por pesquisas para definir suas características e propriedades.

d) (   ) O petróleo é um material sintético usado como combustível e matéria-prima para outros materiais sintéticos.

e) (   ) Plásticos biodegradáveis feitos a partir de cana-de-açúcar, beterraba e mamona podem ser degradados por microrganismos presentes no ambiente.

_____
_____
_____

14. O esquema abaixo apresenta um resumo dos conceitos estudados nesta Unidade. Complete os espaços com os termos corretos.

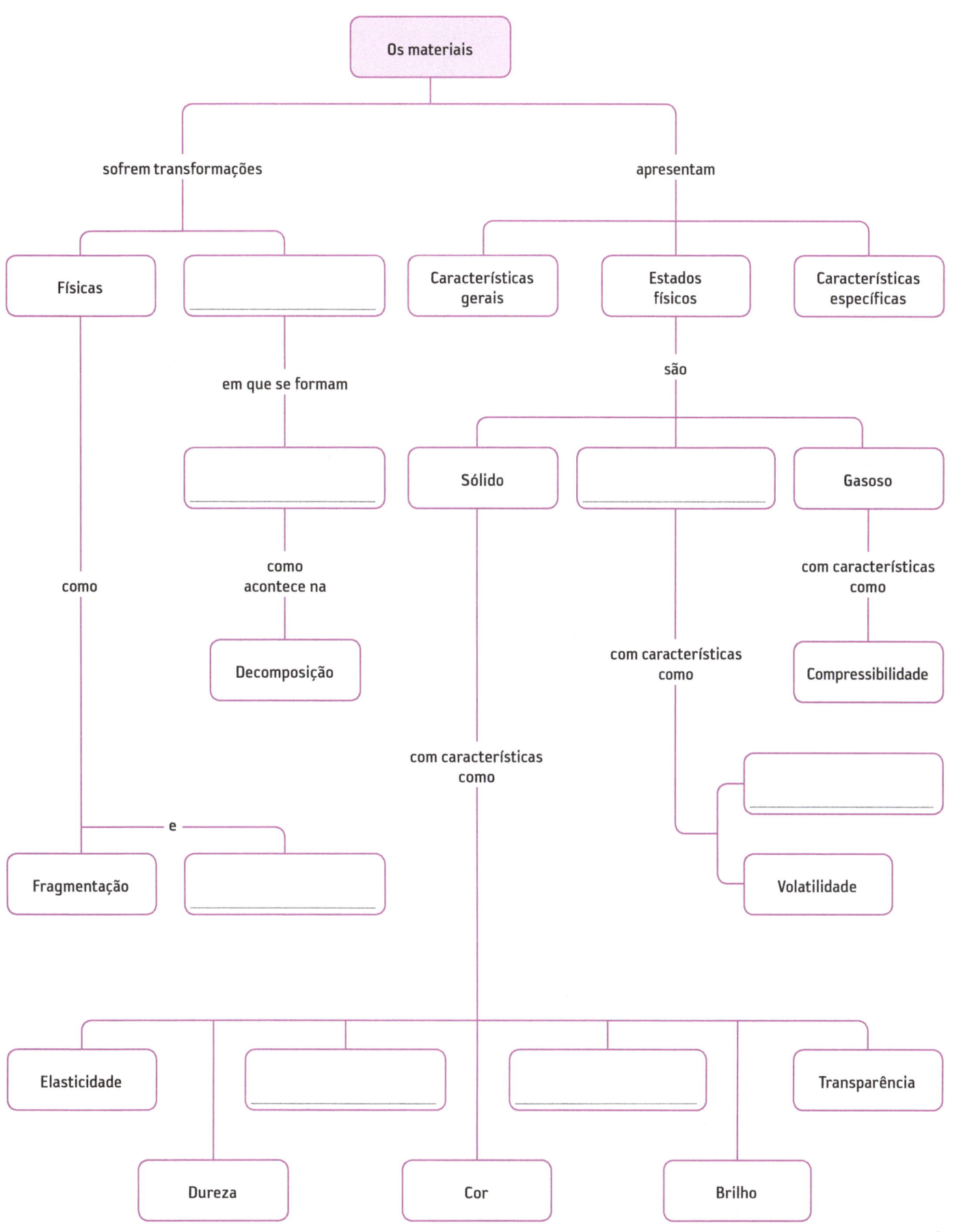

```
                            Os materiais
                    ┌────────────┴────────────┐
            sofrem transformações          apresentam
                    │              ┌──────────┼──────────┐
            ┌───────┴───────┐   Características  Estados  Características
          Físicas        _____    gerais    físicos    específicas
                            │                      │ são
                     em que se formam     ┌────────┼────────┐
                            │           Sólido  _____   Gasoso
                         _____
                            │ como
                         acontece na
                            │
                       Decomposição
```

como / e / com características como / com características como / com características como

- Fragmentação e _____
- Elasticidade, Dureza, _____, Cor, _____, Brilho, Transparência
- Compressibilidade, _____, Volatilidade

UNIDADE 7 VIDA, CÉLULA E SISTEMA NERVOSO HUMANO

RECAPITULANDO

- As **células** são as estruturas básicas da vida, responsáveis por diversas atividades nos seres vivos unicelulares e pluricelulares.
- Células são compostas de **membrana plasmática**, **citoplasma** e **material hereditário**.
- Na maioria dos seres pluricelulares, as células se organizam em **tecidos**. Diferentes tecidos formam os **órgãos**. Um conjunto de órgãos, realizando diferentes funções de maneira integrada, forma um **sistema**.
- O **sistema nervoso** integra e coordena diversas funções e ações do corpo. Esse sistema percebe e interpreta os estímulos do ambiente e responde a eles.
- O **encéfalo** é formado por **cérebro**, **cerebelo** e **tronco encefálico**, sendo sua função **processar** e **integrar informações**.
- A **medula espinal** conecta o encéfalo ao restante do corpo. Partem dela os nervos que fazem a comunicação entre o sistema nervoso e os **órgãos efetores**.
- As células que compõem os órgãos do sistema nervoso são os neurônios e os gliócitos. Os **neurônios** são especializados na **recepção** e **condução do impulso nervoso**. Os **gliócitos** são responsáveis por **sustentar** e **nutrir** os neurônios.
- O neurônio é dividido em: corpo celular, dendritos, e axônio.
- O impulso nervoso segue sempre o mesmo sentido em um neurônio: **dendrito → corpo celular → axônio**.
- A região entre o axônio de um neurônio e o dendrito de outro se chama **sinapse**. Nela são liberados **neurotransmissores**, substâncias que ajudam a transmitir o impulso nervoso entre os neurônios.
- Algumas ações são voluntárias e outras são involuntárias. O **ato reflexo** é uma resposta rápida a um estímulo de forma involuntária. A resposta ao estímulo é gerada na medula e o caminho percorrido pelo impulso é denominado **arco reflexo**.
- **Droga** é toda substância que não é produzida pelo organismo, mas é capaz de provocar alterações em seu funcionamento. Existem drogas lícitas e ilícitas, e ambas podem levar à dependência química.

1. Escreva em ordem crescente de complexidade os níveis de organização de um ser vivo pluricelular.

> sistemas   células   órgãos   tecidos   organismo

_____

_____

2. Associe o cientista à uma pesquisa científica e numere em ordem cronológica o esquema abaixo.

Robert Hooke   Proposição da teoria celular ☐

Matthias Schleiden e Theodor Schwann   Observação de células no microscópio ☐

3. Encontre no diagrama as palavras que completam o texto abaixo.

A _____ é a estrutura básica que forma todos os seres vivos. Os seres _____ são formados por uma única célula. Já os _____ possuem duas ou mais células, que podem estar organizadas em _____.

Estes se agrupam para formar os _____, os quais se conectam formando os _____ presentes em um _____.

S	I	S	T	E	M	A	S	V	S	S	C	P	O	B	H	L	T
Z	A	S	G	H	J	K	T	K	Ç	O	R	N	L	X	Z	G	O
T	P	L	U	R	I	C	E	L	U	L	A	R	E	S	J	T	R
D	W	E	Y	I	C	D	C	J	G	D	S	B	C	Y	K	E	G
Q	Á	D	R	H	J	K	I	P	B	X	T	C	E	T	U	C	A
U	N	I	C	E	L	U	R	E	S	D	A	E	H	Q	S	I	N
X	U	D	V	U	D	E	O	Á	V	Á	K	O	P	U	J	D	I
E	A	O	F	Z	W	Q	S	C	B	C	G	Ó	R	G	Ã	O	S
C	É	L	U	L	A	J	A	K	G	K	D	F	D	I	P	S	M
L	U	G	W	I	G	D	E	G	Á	W	A	H	U	L	Q	F	O

4. Identifique as estruturas comuns à maioria das células apontadas na imagem.

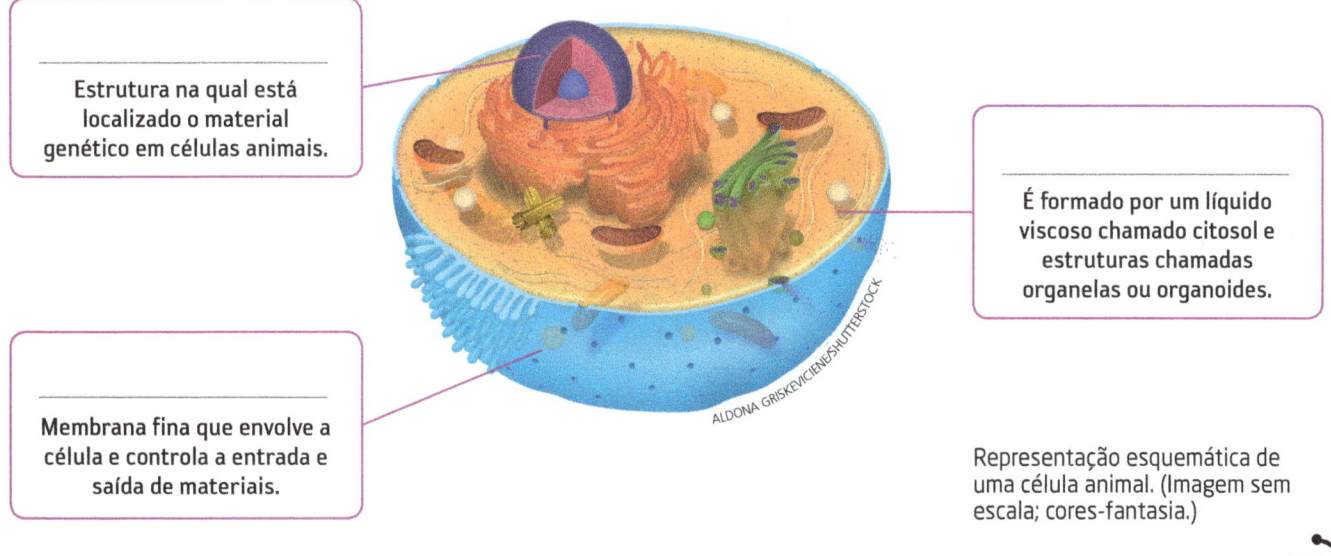

_____
Estrutura na qual está localizado o material genético em células animais.

_____
É formado por um líquido viscoso chamado citosol e estruturas chamadas organelas ou organoides.

_____
Membrana fina que envolve a célula e controla a entrada e saída de materiais.

Representação esquemática de uma célula animal. (Imagem sem escala; cores-fantasia.)

5. Observe as imagens a seguir e responda.

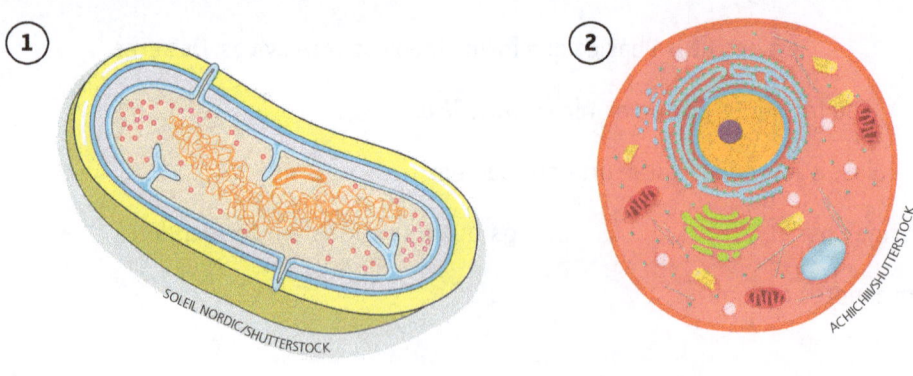

① ②

Imagens sem proporção de tamanho entre si.

a) Que tipo de estrutura as imagens 1 e 2 representam? Justifique sua resposta.

_____

_____

_____

b) Cite uma diferença entre os dois tipos de estrutura.

_____

_____

_____

6. Observe o esquema a seguir e identique o que cada uma das imagens representa de acordo com os níveis de organização do corpo humano.

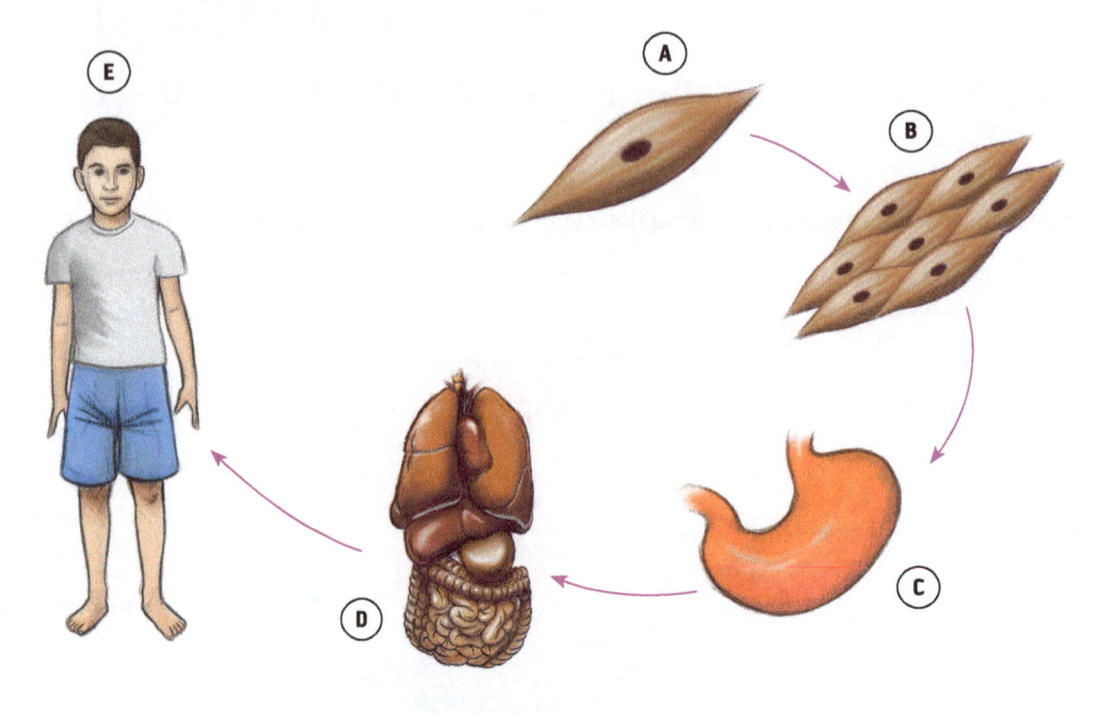

A. _____   C. _____   E. _____

B. _____   D. _____

7. Preencha o diagrama a seguir.

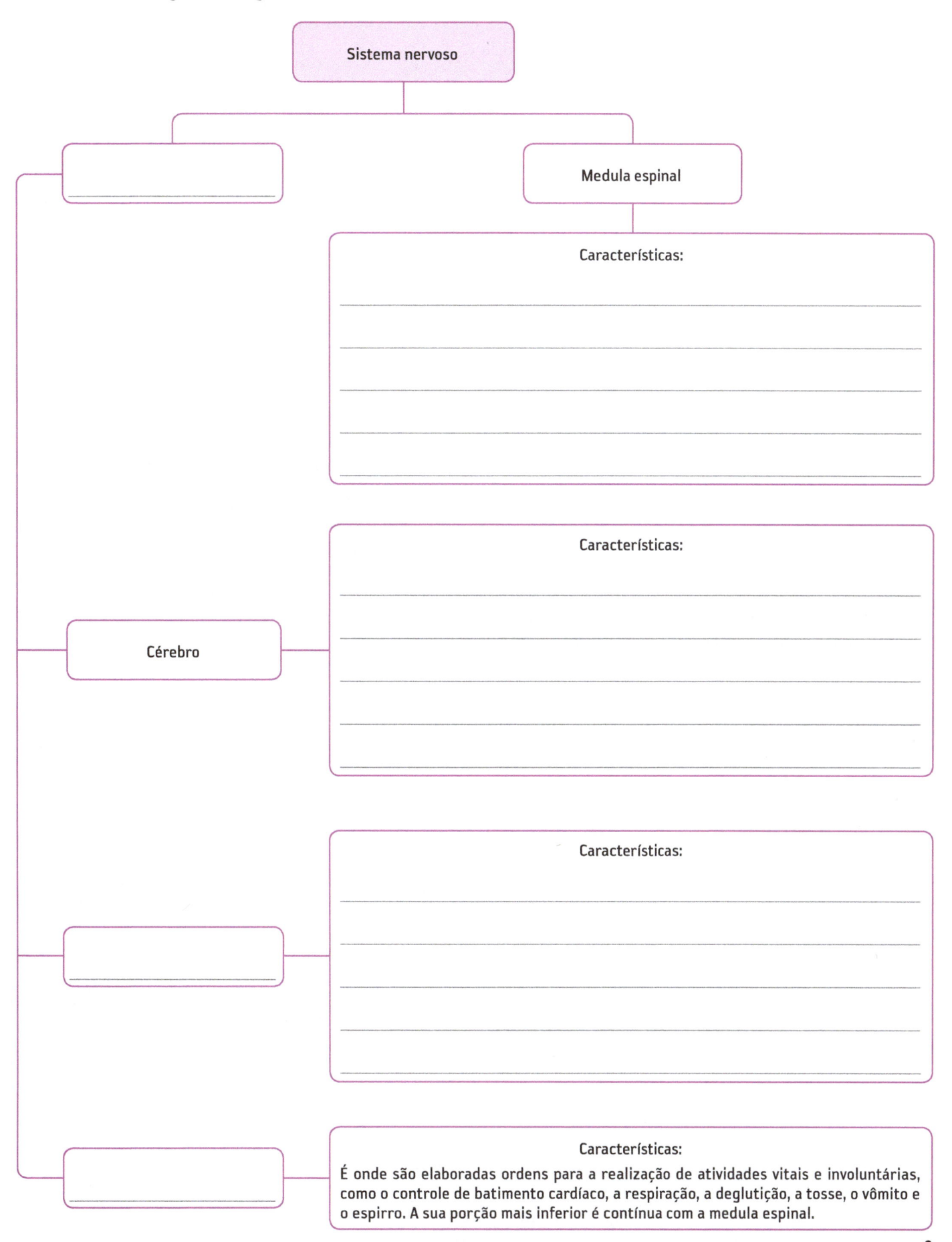

```
                    Sistema nervoso
                    /            \
          _____      Medula espinal
```

Medula espinal — Características:
_____
_____
_____
_____
_____

Cérebro — Características:
_____
_____
_____
_____
_____

_____ — Características:
_____
_____
_____
_____
_____

_____ — Características:
É onde são elaboradas ordens para a realização de atividades vitais e involuntárias, como o controle de batimento cardíaco, a respiração, a deglutição, a tosse, o vômito e o espirro. A sua porção mais inferior é contínua com a medula espinal.

8. Marque a alternativa que mostra a célula responsável pela propagação do impulso nervoso.

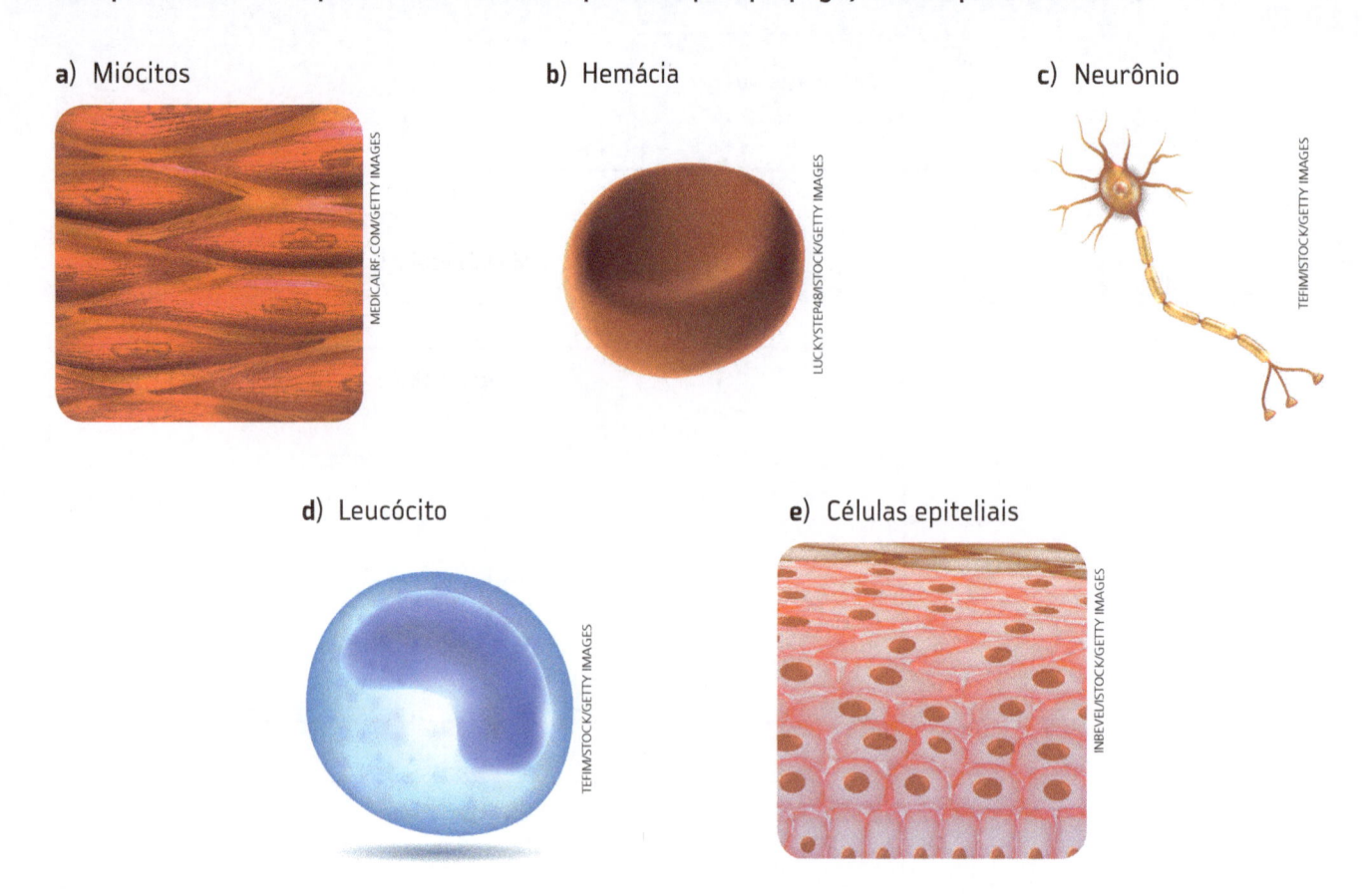

a) Miócitos

b) Hemácia

c) Neurônio

d) Leucócito

e) Células epiteliais

9. Indique, na imagem abaixo, as estruturas de um neurônio. Em seguida, preencha as lacunas nas frases com os nomes de algumas dessas estruturas.

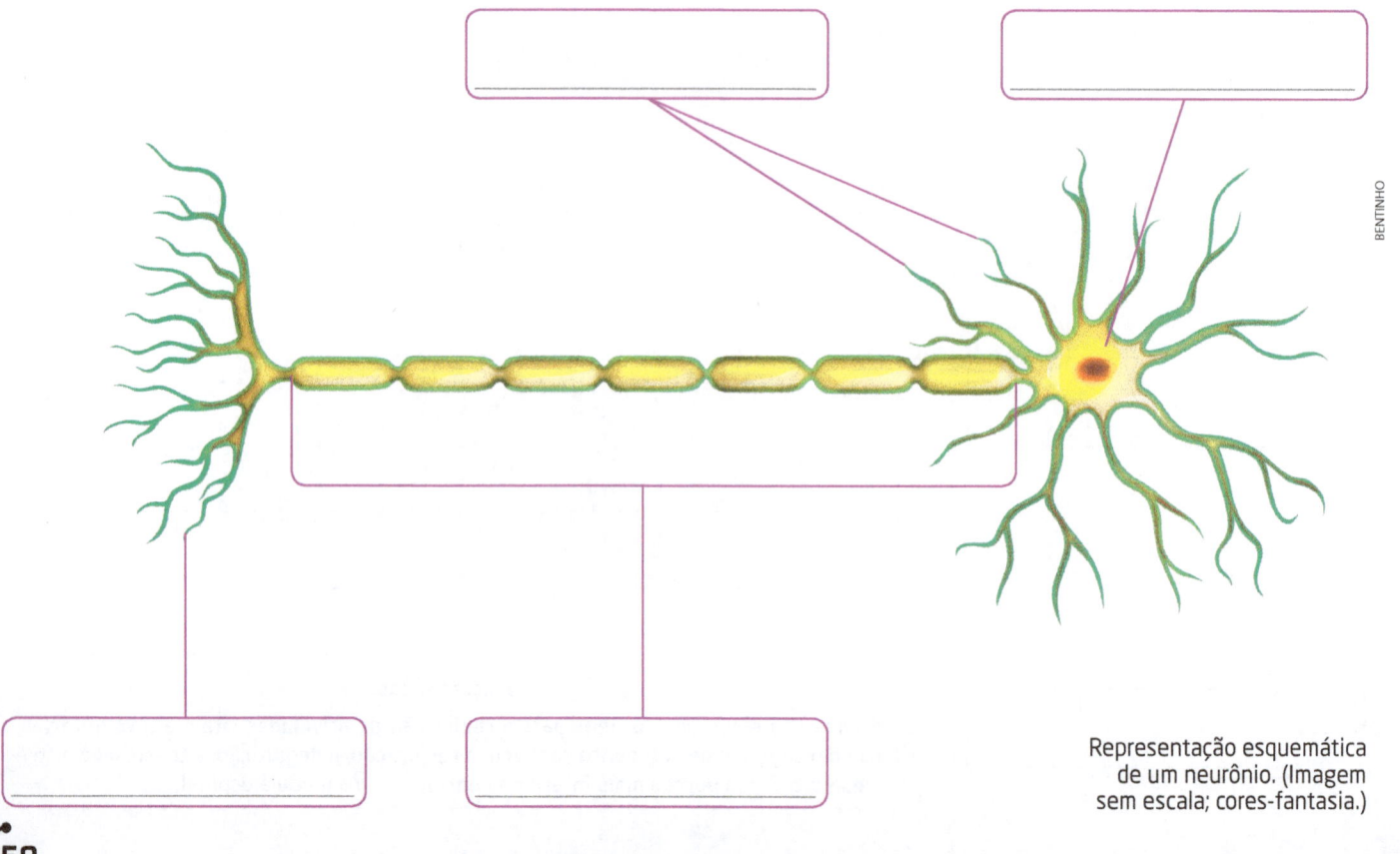

Representação esquemática de um neurônio. (Imagem sem escala; cores-fantasia.)

a) O _____ contém a maior parte do citoplasma e o núcleo da célula.

b) Os _____ são prolongamentos numerosos do corpo celular; são receptores de impulsos nervosos.

c) O _____ é um prolongamento que transmite o impulso nervoso vindo do corpo celular para um neurônio adjacente.

10. Observe o sentido do impulso nervoso no esquema a seguir e faça o que se pede.

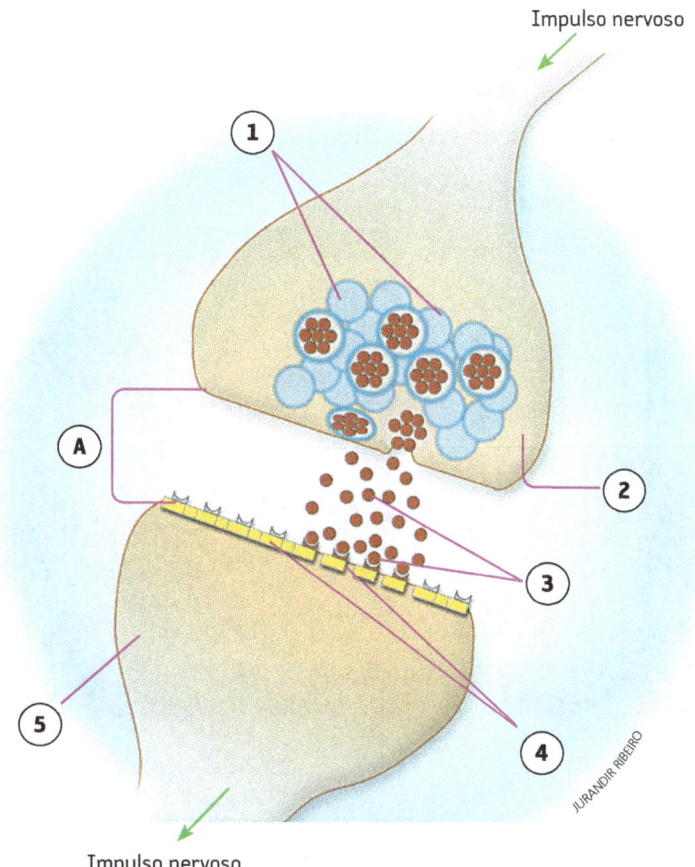

Representação esquemática da transmissão de um impulso nervoso. (Imagem sem escala; cores-fantasia.)

a) Os números 2 e 5 representam, respectivamente, o _____ e o _____ de neurônios distintos.

b) Qual é o nome dado ao espaço microscópico existente entre dois neurônios, representado pela letra A na imagem?

_____

_____

c) O que está identificado pelo número 3? Qual é a sua função?

_____

_____

11. Explique como funciona a sinapse utilizando como referência a imagem da atividade anterior.

_____
_____
_____
_____
_____
_____
_____

12. Observe as imagens abaixo. Em seguida, identifique e classifique as ações retratadas como voluntárias ou involuntárias.

13. Observe a imagem a seguir e faça o que se pede.

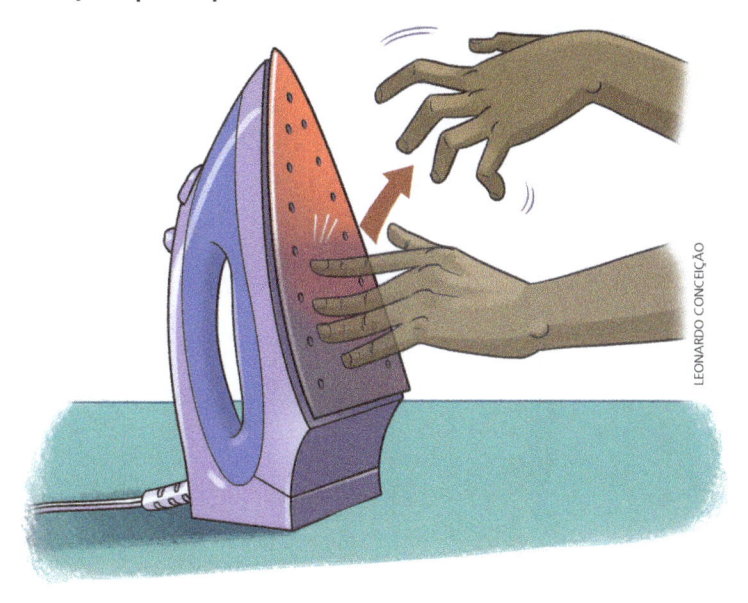

- Explique a participação do sistema nervoso na situação retratada.

_____
_____
_____
_____

14. Sobre drogas, responda o que se pede:

a) O que são drogas?

_____
_____

b) Qual é a diferença entre drogas lícitas e ilícitas?

_____
_____
_____

c) Em alguns medicamentos, é possível encontrar anúncios como "esse medicamento pode causar dependência". A que você acha que isso se refere?

_____
_____

d) Em que categorias as drogas podem ser classificadas? Cite exemplos de cada categoria.

_____
_____

15. Observe a imagem abaixo e indique:

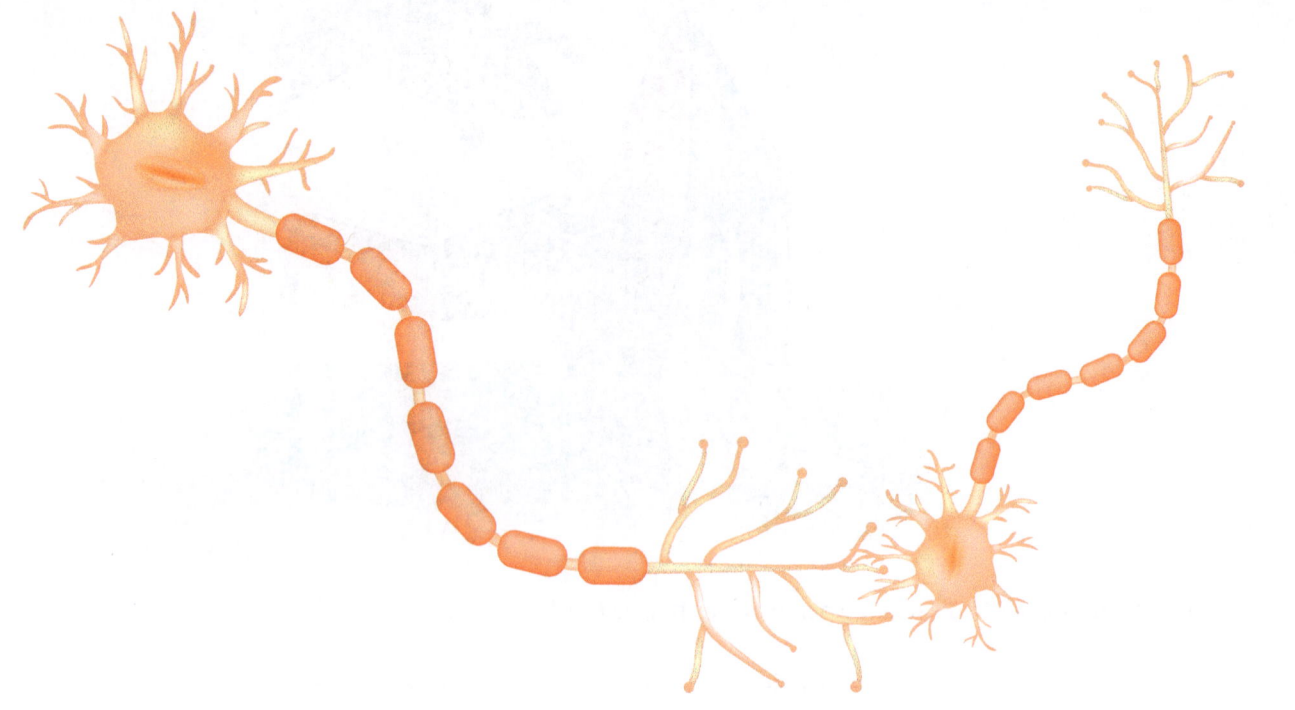

a) o sentido do impulso nervoso.

_____
_____

b) onde é a sinapse nervosa.

_____
_____

c) considerando que os neurônios estão transmitindo um impulso do cérebro para um músculo, qual deles estaria mais perto do cérebro?

_____
_____

d) como seria alterada a transmissão do impulso nervoso conduzido por esses neurônios se o corpo da pessoa estivesse sob efeito de uma droga que:

- impedisse a liberação de neurotransmissores?

_____
_____

- diminuísse a velocidade de transmissão de impulso?

_____
_____

UNIDADE 8 OS SENTIDOS E OS MOVIMENTOS

RECAPITULANDO

- Os seres humanos interagem entre si e com o ambiente por meio dos **sentidos**: tato, gustação, olfato, visão e audição.

- Os órgãos dos sentidos possuem **receptores** que captam as **informações do ambiente**, transformando-as em **impulsos nervosos**. No cérebro, esses impulsos são interpretados como **sensações**.

- A **pele** é o órgão do sentido relacionado ao **tato**. A língua possui as **papilas gustativas**, capazes de captar estímulos. O **nariz** é o principal órgão relacionado ao **olfato**. Os receptores de substâncias aromáticas presentes nele geram impulsos nervosos que são conduzidos até o cérebro, produzindo as sensações de odor.

- O sentido da **visão** está relacionado à captação da luz e à interpretação de imagens. O **olho** é o principal órgão desse sentido. A **audição** é percebida pelas **orelhas**. As vibrações do ambiente são captadas pela orelha externa e seguem em direção à orelha média; em seguida, são transmitidas aos ossículos da orelha interna. A orelha interna também está envolvida na manutenção do equilíbrio do corpo.

- O **esqueleto** é responsável pela **sustentação** do corpo e pela **proteção dos órgãos** internos, além de auxiliar na movimentação e produzir células sanguíneas. Os ossos do esqueleto estão unidos por **articulações**, compostas por cartilagem e ligamentos.

- O **sistema muscular** é formado por **músculos** que atuam na movimentação e sustentação do corpo. O tecido muscular é constituído por células chamadas de miócitos, capazes de contraí-lo e distendê-lo. Há três tipos de músculo: o estriado esquelético, o estriado cardíaco e o não estriado.

1. Preencha o diagrama com informações relacionadas aos sentidos.

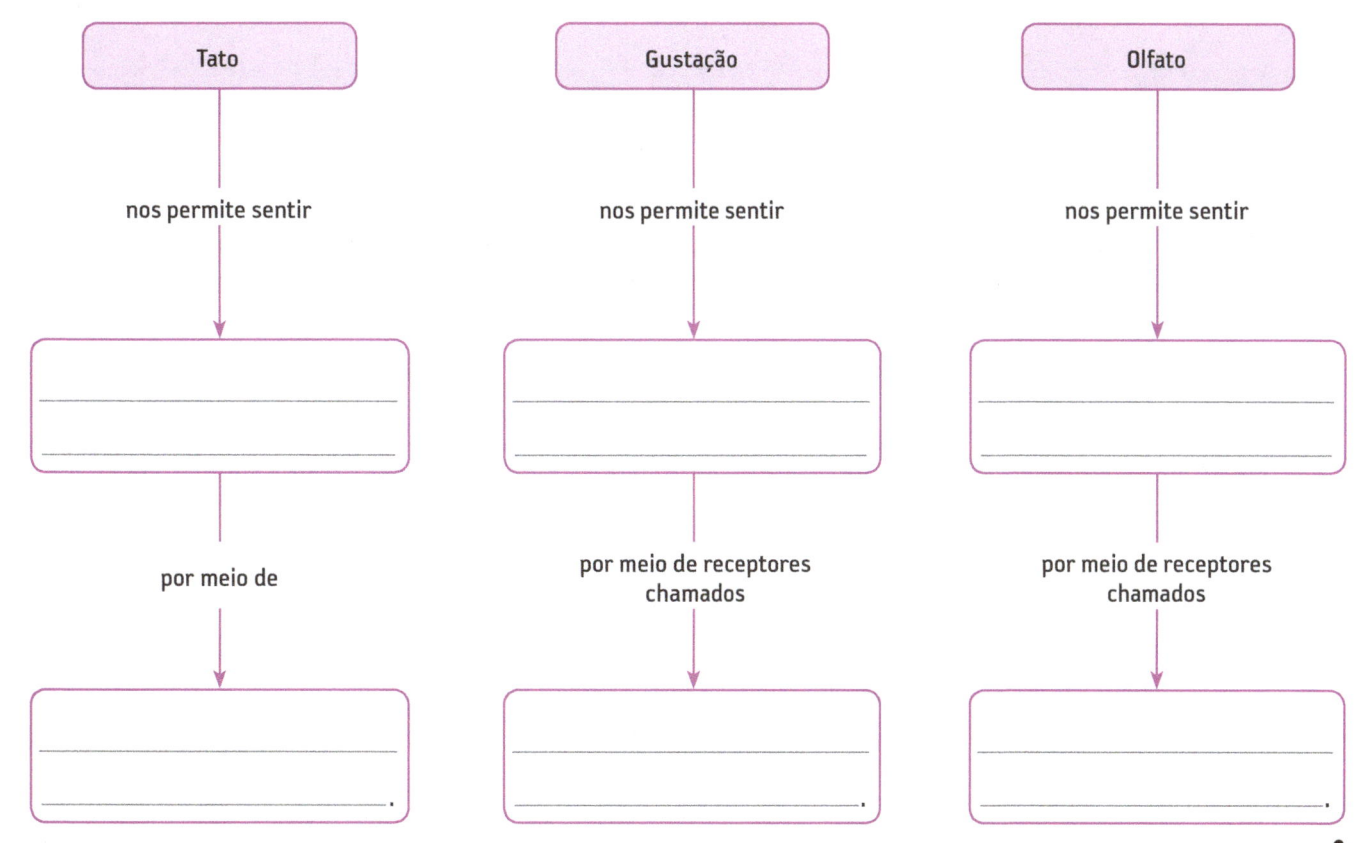

Tato	Gustação	Olfato
nos permite sentir	nos permite sentir	nos permite sentir
___	___	___
por meio de	por meio de receptores chamados	por meio de receptores chamados
___	___	___

2. Observe a situação a seguir e responda às questões.

a) Como o odor da comida é captado e interpretado pelo organismo da menina?

___

___

b) Que outro sentido estará envolvido na identificação da comida preparada quando a menina saboreá-la?

___

___

3. Ligue por setas as diferentes estruturas envolvidas na visão, desde a captação do estímulo até sua interpretação. Depois, destaque a estrutura em que estão localizadas as células receptoras de estímulos luminosos e escreva o nome delas.

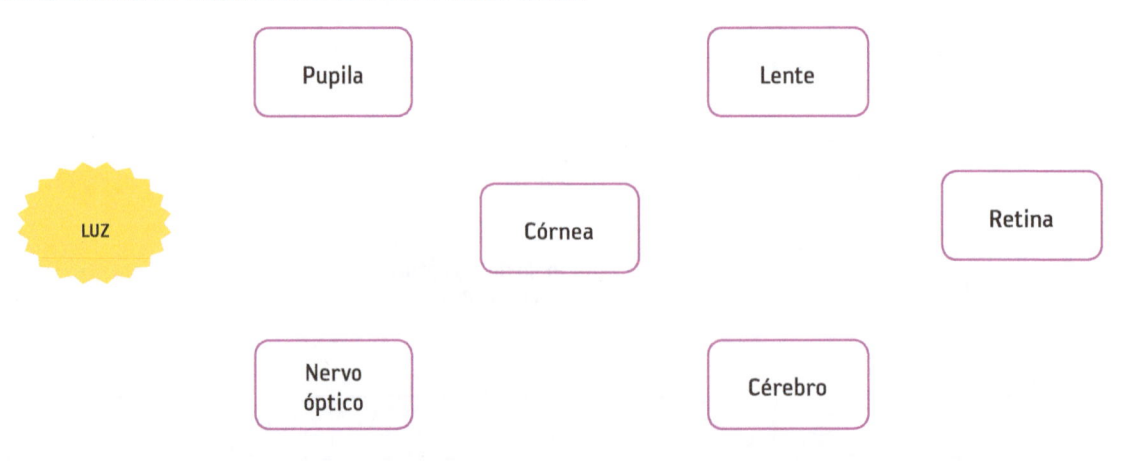

Pupila   Lente

LUZ   Córnea   Retina

Nervo óptico   Cérebro

___

4. Complete as lacunas do texto sobre a incidência de luz nos olhos e, em seguida, preencha a cruzadinha.

A _____ (1) controla a quantidade de luz que entra no olho, de acordo com a iluminação do ambiente.

Quando está _____ (2), os músculos da íris se _____ (3) e a pupila fica dilatada. Assim, _____ (4) a quantidade de luz que entra no olho.

Quando está muito _____ (5), os músculos da íris se _____ (6) e a pupila se contrai. Assim, impede-se que a luz entre em excesso e a visão fique ofuscada.

5. Analise a tirinha a seguir e responda às questões.

LEONARDO
O CAMALEÃO DALTÔNICO

a) O que é o daltonismo?

_____

_____

_____

b) Como o daltonismo interferiu na situação trazida pela tirinha?

_____

_____

_____

6. Complete o diagrama abaixo com informações sobre a orelha humana.

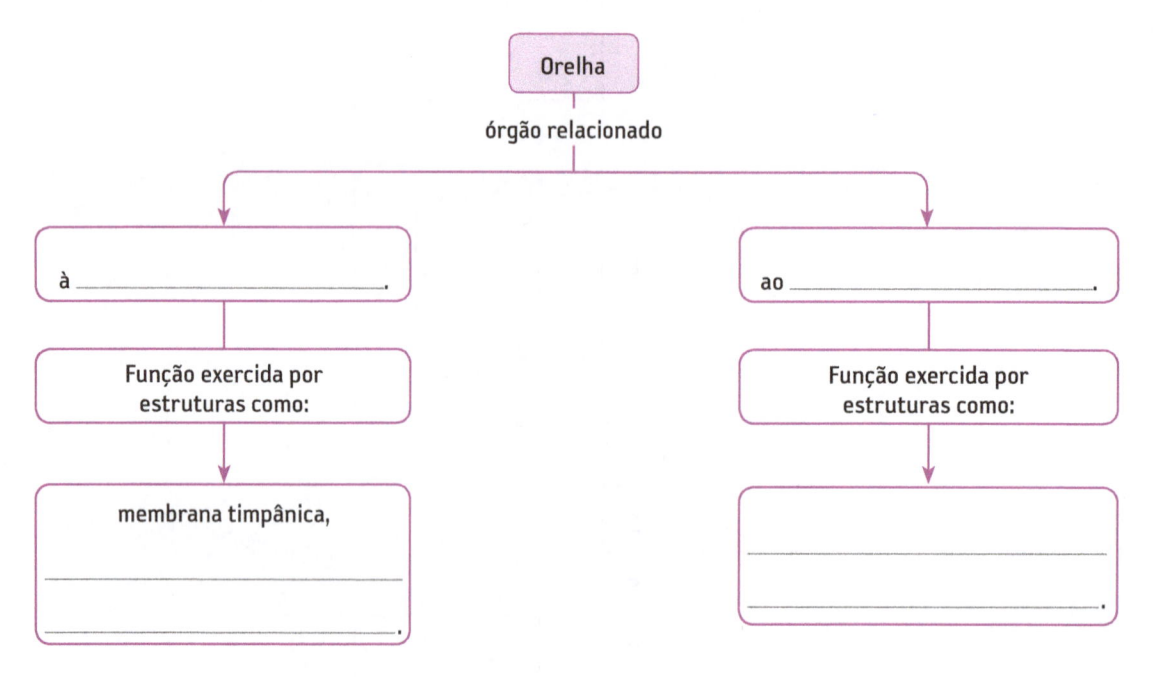

```
                        Orelha
                    órgão relacionado
           ┌────────────────┴────────────────┐
           ▼                                 ▼
   à _____.                ao _____.
           │                                 │
           ▼                                 ▼
    Função exercida por              Função exercida por
    estruturas como:                 estruturas como:
           │                                 │
           ▼                                 ▼
    membrana timpânica,              _____
    _____                  _____
    _____.                 _____.
```

7. Ligue por setas as estruturas envolvidas na audição, desde a captação até a interpretação do som. Depois, circule a estrutura responsável por captar o estímulo sonoro e transformá-lo em impulso nervoso.

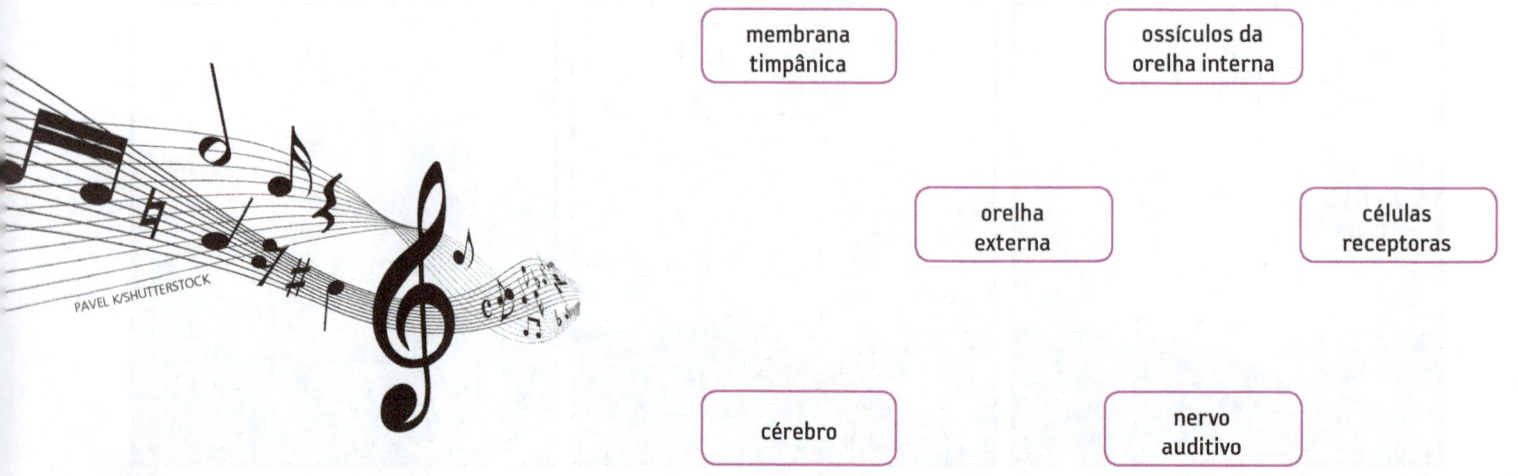

- membrana timpânica
- ossículos da orelha interna
- orelha externa
- células receptoras
- cérebro
- nervo auditivo

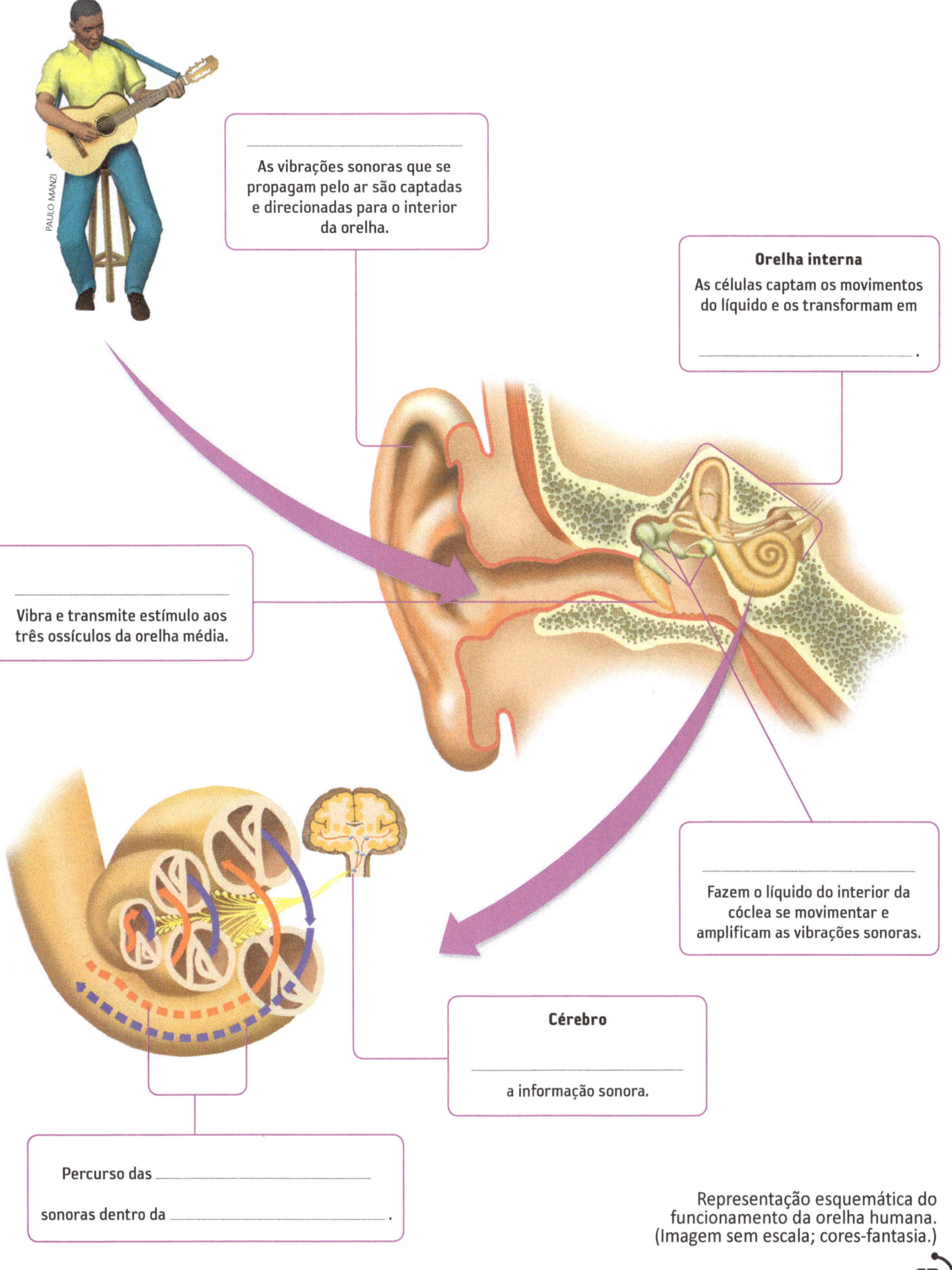

8. Complete o esquema de funcionamento da orelha humana.

_____
As vibrações sonoras que se propagam pelo ar são captadas e direcionadas para o interior da orelha.

Orelha interna
As células captam os movimentos do líquido e os transformam em _____.

_____
Vibra e transmite estímulo aos três ossículos da orelha média.

_____
Fazem o líquido do interior da cóclea se movimentar e amplificam as vibrações sonoras.

Cérebro
_____ a informação sonora.

Percurso das _____ sonoras dentro da _____.

Representação esquemática do funcionamento da orelha humana. (Imagem sem escala; cores-fantasia.)

9. Observe a imagem e responda.

- Que estruturas relacionadas ao equilíbrio estão envolvidas nessa atividade física? Por que são importantes?

_____
_____
_____
_____
_____
_____
_____

10. Registre, no diagrama abaixo, algumas informações relevantes sobre os ossos do sistema esquelético.

Principal constituinte	**Constituintes minoritários**

Principais funções	**Exemplos**

Ossos

11. Destaque, na figura abaixo, ao menos um exemplo de cada tipo de articulação.

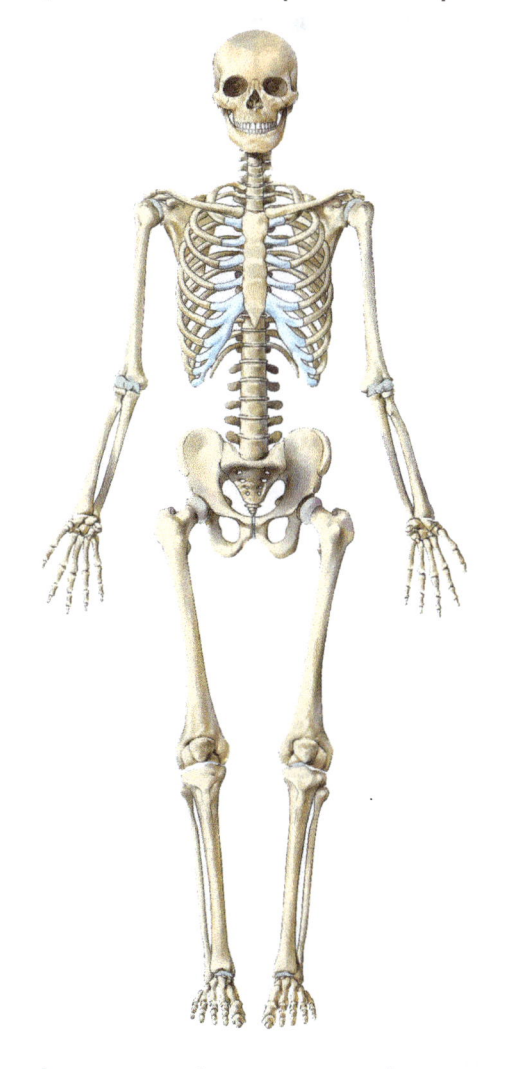

12. Utilize as palavras a seguir para completar o texto sobre o movimento. Algumas palavras podem ser utilizadas mais de uma vez.

| abaixado | distende | contrai | relaxa | articulações | ossos | esqueleto | eleva |

O movimento depende da interação entre o _____, os músculos estriados esqueléticos e as _____.

Ao se contrair, o músculo move um dos _____ ao qual está ligado.

Muitos músculos esqueléticos trabalham aos pares: enquanto um se contrai, o outro _____. Por exemplo, quando o bíceps (músculo da parte anterior do braço) se _____, o tríceps (músculo da parte posterior do braço) se _____ e o antebraço se _____. Quando o tríceps se _____, o bíceps se _____ e o antebraço é _____.

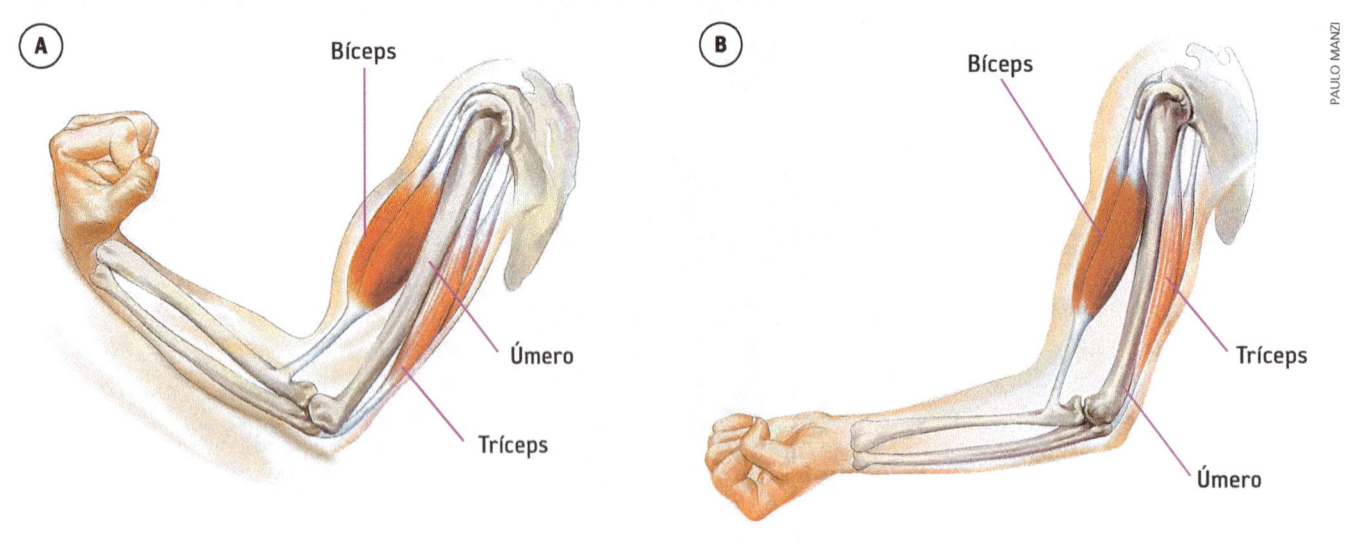

13. A figura a seguir mostra uma pessoa dobrando e estendendo o braço. Identifique o tipo de movimento e a condição dos músculos bíceps e tríceps em **A** e **B**.

A Bíceps / Úmero / Tríceps

B Bíceps / Tríceps / Úmero

Representação esquemática do movimento do braço. Cores-fantasia.

_____
_____
_____
_____

14. Analise a cena da bailarina a seguir e responda.

a) Quais sistemas do corpo humano estão envolvidos na execução desse movimento?

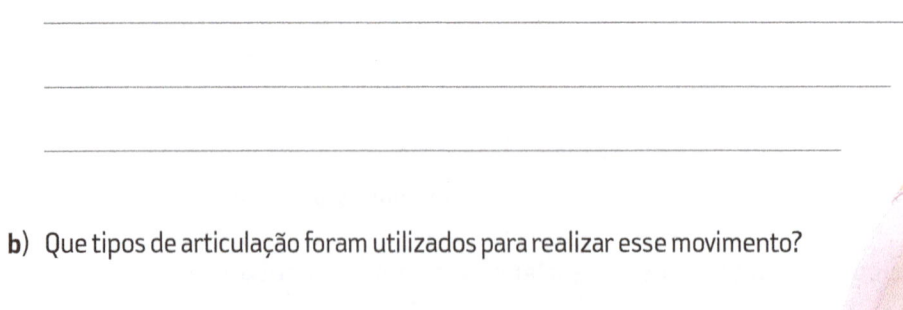

_____
_____
_____
_____

b) Que tipos de articulação foram utilizados para realizar esse movimento?

_____
_____
_____
_____

15. As imagens a seguir apresentam órgãos nos quais são encontrados os diferentes tipos de tecido muscular. Identifique o tipo de tecido muscular presente em cada uma das imagens e, depois, ligue esses músculos a suas respectivas funções.

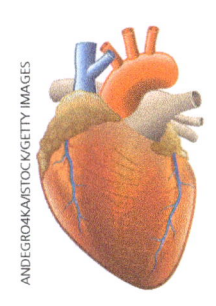

_____

Contração rápida e voluntária

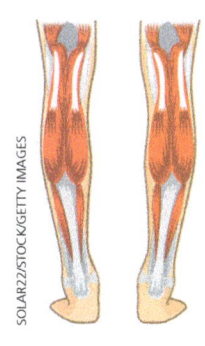

_____

Contração lenta e involuntária

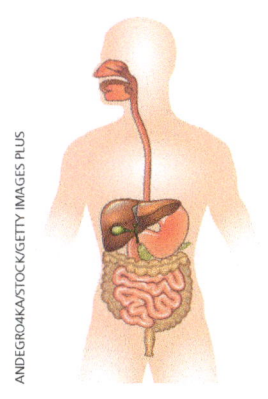

_____

Contração rápida e involuntária

16. Se comermos um alimento muito quente, podemos queimar a língua. Quando isso acontece, a língua inflama, parecendo um pouco inchada, e os espaços entre as células diminuem. Por que, nessa situação, fica mais difícil sentir o gosto dos alimentos?

_____
_____
_____

17. Observe a imagem a seguir e faça o que se pede.

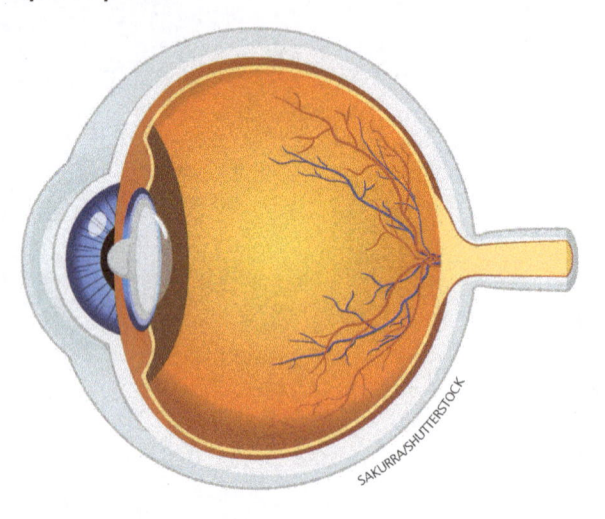

SAKURRA/SHUTTERSTOCK

a) Indique onde se localizam a pupila, a retina e o nervo óptico.

b) É possível dizer que o olho é independente dos músculos?

_____
_____
_____

c) Como essa ilustração pode ser continuada, a partir do nervo óptico?

_____
_____
_____

18. As articulações podem ser definidas como estruturas que permitem a movimentação de ossos relacionados?

_____
_____